U0791032

Opening to the Outside World and the Economic Cooperation of Northeast Asia

对外开放与东北亚经济合作

东北财经大学东北亚经济研究院　著

东北财经大学出版社
Dongbei University of Finance & Economics Press
大连

图书在版编目（CIP）数据

对外开放与东北亚经济合作 / 东北财经大学东北亚经济研究院著. —大连：东北财经大学出版社，2020.9

ISBN 978-7-5654-3971-1

Ⅰ. 对… Ⅱ. 东… Ⅲ. 东北亚经济圈-区域经济合作-研究 Ⅳ. F114.46

中国版本图书馆CIP数据核字（2020）第163567号

东北财经大学出版社出版发行

大连市黑石礁尖山街217号 邮政编码 116025

网 址：http://www. dufep. cn

读者信箱：dufep @ dufe. edu. cn

大连图腾彩色印刷有限公司印刷

幅面尺寸：170mm×250mm 字数：178千字 印张：13.5

2020年9月第1版 2020年9月第1次印刷

责任编辑：李 季 章北蓓 刘东威 责任校对：吉 扬

封面设计：原 皓 版式设计：原 皓

定价：46.00元

教学支持 售后服务 联系电话：（0411）84710309

版权所有 侵权必究 举报电话：（0411）84710523

如有印装质量问题，请联系营销部：（0411）84710711

编委会

顾问：

王洪章　杜金富　周天勇　肖兴志　杨成义

主任：

施锦芳

委员（按姓氏笔画排序）：

刘　雯　刘　强　陈　刚　张晓燕　夏睿曈　黄雪成　樊巧妮

总纂：

黄雪成

前言

东北财经大学东北亚经济研究院自2018年成立以来，始终以习近平新时代中国特色社会主义思想为指导，以深入贯彻落实习近平总书记在东北考察时和在深入推进东北振兴座谈会上的重要讲话精神为指引，致力于建设成为服务国家面向东北亚的重大战略和决策需求的高端新型智库，通过组织专家闭门会议，举办东北亚经济论坛、东北亚大讲堂等学术交流活动，研判对外开放与东北亚区域经济合作的前沿问题，通过开展专项课题研究，力求为国家和地方的经济发展提供及时的决策参考，为学界交流提供有力的理论依据。

2019年，东北亚经济研究院组织专家学者针对东北亚区域经济合作热点问题展开系列研究，并以《东北亚区域经济合作发展：东北振兴之路》为题出版发行了“东北亚与东北振兴前沿问题论丛”的第一本阶段性研究成果。本书是对后续相关研究成果的整理汇总，聚焦新时代背景下东北亚经济合作的现实热点问题，以期为深化东北亚区域经济的务实高质量合作提供智力支持。本书具体涵盖以下几方面的内容：

首先是对东北亚区域经济合作的新形势、发展现状与推进路径的分析。2017年以来，随着特朗普政府“美国优先”政策的实施和朝鲜半岛局势的转圜，东北亚区域经济合作迎来了新的发展契机，中日韩FTA谈判取得积极进展，中蒙俄经济走廊建设快速推进，大图们江合作迈出坚实步伐。然而，从中国与东北亚其他五国的经济合作现状而言，经济合作局限于双边层面，次区域经济合作快于区域整体经济合作，地方经济合作先于国家间经济合作等。面对新机遇和新形势，中国应大力推动“一带一路”倡议与东北亚各国发展战略对接，应重点关注中日“第三方合作”，应加强中蒙俄经济带建设，应以“亚投行”为契机完善东北亚互通基础设施，应加强东北亚多边合作机制构建，最终实现东北亚区域经济一体化。

其次是从区域价值链视角对东北亚贸易与投资合作机制的研究。东北亚区域具有经济一体化发展的巨大潜力，但是受制于政治、历史及文化等多方面因素的影响，发展进程相对缓慢，从根本而言缺乏一个持续稳定、多元参与、行之有效的区域合作机制。东北亚国家中，日本和韩国具备良好的贸易投资便利条件且处于全球价值链的高端，俄罗斯的贸易投资便利条件相对较差，处于全球价值链的低端，而中国随着贸易投资便利条件的改善，在全球价值链中的地位不断攀升，中日两国在国际分工格局中的竞争日趋激烈。中韩FTA已经生效，但短期内对中韩贸易的拉动作用不明显，长期看有较大提升空间。中国的崛起改变了东亚生产网络的内部结构，但是尚未达到可以完全取代日本的阶段，中日两国的竞争将长期存在。鉴于当前的内外部阻力，可以借鉴中国与东盟的“澜沧江-湄公河”次区域合作机制，构建“北极航道”的东北亚次区域合作机制，并以“一带一路”建设为平台和振兴中国东北地区经济发展为抓手来化解内外部阻力。

再次是对东北亚区域服务业开放与服务贸易自由化问题的研究。服务业市场开放和服务贸易自由化作为东北亚区域经济合作的重要组成部分，在推动东北亚区域经济一体化进程中将发挥举足轻重的作用。在当前朝鲜半岛局势总体向好、中日关系显著改善、中韩关系在阻力中前行、中俄关系处于历史最好时期等诸多利好因素共同作用下，东北亚区域各国更需要调整区域合作思维，加大合作力度，抓住机遇，发挥各自比较优势，以服务业市场开放为重点，加快中日韩FTA谈判进程，努力实现东北亚区域经济合作的突破，尽快形成东北亚区域经济一体化的新格局。从国际竞争力的角度看，东北亚五国的传统服务贸易实力较强，除日本之外，其他四国在新兴服务贸易和生产性服务贸易方面的实力都相对较弱，但从发展趋势来看，中国、日本和韩国的新兴服务贸易和生产性服务贸易均表现出了较好的上升势头。因此，中日韩三国应以“中日韩FTA”为依托，推动东北亚区域服务贸易的自由化，在充分融入全球价值链的背景下，带动东北亚区域服务贸易向更高水平发展。

最后是对东北亚区域“中日韩”与“中蒙俄”两条主线贸易投资协同发展问题的研究。中国、日本、韩国、俄罗斯、蒙古国是东北亚区域经济发展的主要推动力，在中国“一带一路”倡议的带动下，中日韩和中蒙俄的经济合作建设都取得了重要的积极进展，形成了以“中日韩”和“中蒙俄”两条主线为依托的区域经济合作格局。而要实现东北亚区域经济一体化的发展，就需要协同两条主线的贸易投资，以促进经济一体化水平的不断提高。然而，东北亚各国之间经济发展水平的较大差异阻碍了区域经济的联合进程，同时来自美国和东盟的阻力和掣肘也拖延了区域经济一体化的步伐。中国应从建立长期有效的货币合作机制、改变贸易方式、进行贸易转型、海陆两线并行、充分利用国家间政策对接等方面构建两条主线贸易投资协同方法的推进机制，并通过加强中美务实合作、推进中日韩FTA谈判、推动人民币国际化、优化经济结构、实现多元化合作等路径推动两条主线贸易投资协同发展。

未来，在编委会领导的规划和各位委员的协作下，东北财经大学东北亚经济研究院将不忘初心、牢记使命，继续深入、完善，努力向政府、社会和学界提交更多优质研究成果，为促进东北亚区域经济合作发展，助力东北全面全方位振兴贡献力量。

本书由黄雪成博士统稿和总纂。本书的出版要特别感谢东北财经大学出版社的大力支持和责任编辑李季的勤勉付出。

由于编者水平有限，书中难免存在不足和不当之处，恳请各位读者不吝赐教斧正。

东北财经大学

东北亚经济研究院执行院长（大连）

施锦芳

2020年7月

目录

第1章

东北亚经济合作的现状、问题与推进路径

东北亚是世界政治和经济大国集中分布的区域，对于亚太地区乃至全球政治经济格局具有重要影响。推动东北亚各国的经济合作，有利于促进我国东北地区全面振兴，有利于优化我国对外开放战略的总体布局，有利于提高我国在东北亚区域的竞争力，有利于我国与周边国家实现互利共赢，有利于改变东北亚区域以欧美市场出口为主导的格局，有利于巩固东北亚各国政治互信和睦邻友好的关系。因此，本文将系统地研究新形势下中国参与东北亚区域经济合作的背景、历程、成就及存在的问题，并对中国如何进一步完善东北亚区域经济合作模式提出政策建议。

1.1 面向东北亚对外开放的新形势

1.1.1 地区政治环境明显改善

在2016年美国大选过程中，候选总统特朗普的演讲旨在复兴美国在世界中的主导地位，极力主张“贸易保护主义”和“美国优先”政策。2017年，特朗普上任之初就退出了跨太平洋伙伴关系协定（Trans-Pacific Partnership Agreement，以下简称TPP）。在此之前，经济界的普遍共识是，TPP是新国际贸易秩序的基石，代表了全球贸易谈判和贸易规则的新标准，是美国重返亚太的重要战略。而特朗普执政初期的退出决定，使TPP合作被打破，让不惜一切代价参与TPP谈判的国家不知所措，也让日本掌控亚太地区的设想落空，安倍政府迫于压力开始与周边国家搞好关系。日本为抵御美国退出TPP所带来的冲击，与中国在共赢的基础上促成进一步竞争合作的关系成为其必然选择。与此同时，中国正处于经济改革关键时期，亟需日本这样的贸易伙伴，两国共同利益促使中日开展合作更有迫切性，两国关系出现转圜。2017年，中日关系明显改善，反映在以下几个方面：第一，两国贸易关系持续上升，2017年双边贸易总额达3 029.9亿美元，时隔两年重上3 000亿美元台阶。第二，东海地区安全局势比较平稳。第三，中日保持了较好的对话机制，双方交流的气氛友好。2018年10月，安倍担任首相7年以来第一次访华，将中日关系推进到新的阶段，借美国退出TPP之机，中日两国确立了更高层次的开放合作，大力推进“一带一路”、区域全面经济伙伴关系（Regional Comprehensive Economic Partnership，以下简称RCEP）合作。同时，美国退出TPP也让原本已近乎建立的以美国为核心的东亚合作秩序陷入僵局，迫使东亚国家寻找新的合作，转向积极参与RCEP谈判与“一带一路”建设，东亚合作机制将由东亚区域国家主导。

1.1.2 东北亚区域经济一体化迅速发展

伴随着逆全球化和贸易保护主义的抬头，世界经济面临较大的下行压力，以中日韩为核心的东北亚各国具有坚定维护开放型世界经济、反对贸易保护主义的共同立场，各国抱团取暖，寻求合作，区域经济合作取得了新进展。首先，RCEP谈判进入冲刺阶段，取得重要突破：在市场准入方面，超过2/3的双边市场准入谈判已结束，剩余的谈判内容也在积极推进；在规则谈判方面，新完成金融服务、电信服务、专业服务三项内容，各方已就80%以上的协定文本达成一致，余下规则的谈判也已接近尾声。其次，中日韩自由贸易协定（Free Trade Agreement，以下简称FTA）谈判进程加快，2019年4月，中日韩FTA第十五轮谈判在日本举行，这也是三方达成全面提速共识后的首次谈判，三方就货物贸易、服务贸易、投资、规则等重要议题深入交换意见，取得积极进展。最后，“中日韩+X”合作进一步推进，2019年8月21日，第九次中日韩外长会在北京举行，三国就进一步深化和拓展“中日韩+X”合作深入交换意见，并在可持续经济、生态环保、减灾、卫生、减贫、人文交流等领域探索合作新模式。

1.1.3 东北亚各国经贸合作迅速发展

东北亚是一个创造经济发展奇迹的地区，该地区经济总量约占全球的1/5，是亚洲乃至全球最具发展活力和潜力的地区之一。中国目前是东北亚其他五国最大的贸易伙伴，2018年与东北亚国家的贸易额达到7 586亿美元，约占中国对外贸易总额的1/6。中日和中韩贸易额均超过3 000亿美元，中俄贸易额突破1 000亿美元。项目投资日益活跃，日本和韩国分别是中国第一大和第四大外资来源国，中国对韩国、俄罗斯、蒙古等国的投资快速增长，与朝鲜的友好合作不断发展。跨境基础设施合作稳步推进，中俄东线天然气管道、同江铁路桥、黑河公路桥等项目顺利实施，“长满欧”“辽蒙欧”“哈欧”等途经东北亚地区的中欧班列已累计开行上千列。区域经济一体化不断发展，中日韩自贸区的谈判积极推进，中蒙俄经济走廊建设、大图们倡议合作迈出坚实步伐，为东北亚区域的合作注入了新活力。

1.2 中国参与东北亚区域经济合作的现状

1.2.1 与日本经济合作现状

日本是第二次世界大战（以下简称二战）后亚洲经济腾飞最早的国家，是“雁型发展模式”的“头雁”。由于经济实力的突出优势，战后日本在区域合作中非常积极主动。日本为东北亚的“共同市场”和“共同货币”进行过诸多尝试。日本始终将主导东亚地区合作、金融合作及其“贡献”作为建设亚洲经济秩序的重要支柱 。长期以来，日本以自由贸易、资本输出、货币金融政策协调、对外援助，即自由贸易区和经济合作伙伴关系建设、对外直接投资、日元国际化及亚洲货币与金融合作、日本政府的官方开发援助等四方面作为开展对外经济合作的主要手段。日本作为东亚经济发展的领头雁，其成熟产业按东亚各个国家和地区的不同发展水平依次转移到韩国、中国台湾、中国香港、新加坡等“亚洲四小龙”国家及地区，再转移至中国大陆沿海地区以及印度尼西亚、泰国等东盟国家。通过产业梯度转移及其伴随的技术转移，一定程度上可以带动东亚各个国家和地区产业结构的升级。

日本对华投资走过40年的发展历程，贯穿于中国改革开放全过程。总体来讲，日本对华投资大致可以分为三个阶段。第一个阶段为1979—1991年，这一时期为初步试探的萌芽期，1979年，日本开始对中国进行投资，然而，由于当时中国的投资环境还不完善，日本对华投资额度并不大，1979年日本对华投资仅有1 400万元；1984年，中国确定14个沿海开放城市，日本对华投资出现了第一个高峰期，但整体来讲这次投资热潮是试探性的，规模较小。第二个阶段为1992—2012年，这一时期为曲折发展期，日本对华投资数额呈曲折上升趋势，1992年邓小平南方谈话之后，中国走上了社会主义市场经济轨道，改革进一步深化，投资环境得到了改善，吸引了大量日本企业来华投资，投资规模及投资范围大大扩展，日本对华投资出现了第二个高峰期；1997年日本对华投资总额为43.26亿美元，超过1979—1991年的投资总额，且投资范围覆盖整个东部沿海地区；2001年中国加入世界贸易组织，贸易壁垒降低，关税得到削减，投资更为便利，日本对华投资出现了第三个高峰期；2005年日本对华投资总额为65.3亿美元，这一时期中国申奥成功及西部大开发等战略的实施也激发了投资者的热情，投资范围呈现出向内陆和西部地区扩展的特点；2008年，全球经济遭受金融危机，日本对华投资呈下降态势，投资金额下降到36.5亿美元；随着全球经济逐渐回暖，日本对华投资规模再次回升，2011年日本对华投资规模有了大的飞跃，数额达到63.3亿美元。第三个阶段为2012年之后，这一时期为受挫期，日本对华投资出现回落，日本对华投资总额从2012年的73.5亿美元下降到2017年的32.6亿美元。图1-1是1999—2018年日本对华直接投资变化图。

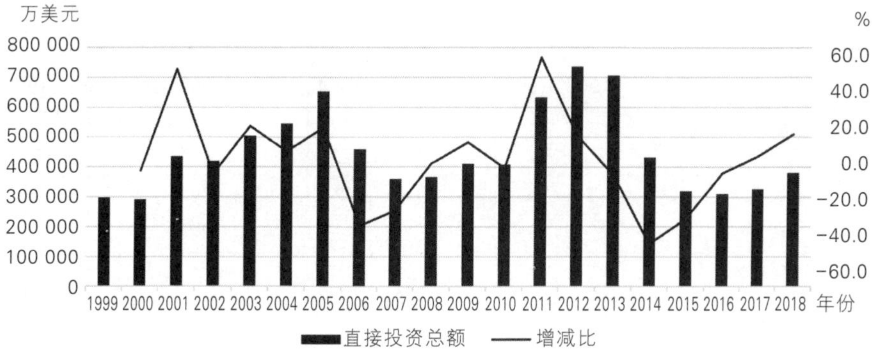

图1-1　日本对华直接投资变化图

资料来源：国家统计局。

相较于日本对华投资，中国对日本的投资总量并不多，总体发展缓慢。我国对日投资始于改革开放初期，1979年8月，在国务院颁布的“经济改革措施”文件中，第13项明确规定了“批准在国外建立公司”，至此，中国企业“走出去”的大门正式开启。同年11月，北京友谊商业服务公司与日本东京丸一商事株式会社在东京以合资方式创建了“京和股份有限公司”，这不仅是中国在日本直接投资的开端，也开启了中国首次海外直接投资。[1]随后至20世纪末的20年里，中国对日本的投资一直在低位徘徊，投资规模很小，且主要以非制造行业为主。由表1-1可知，20世纪90年代，在制造业领域，中国对日本直接投资累计项目数仅为3.4%，分布在纤维、机械、石油等行业；在非制造业领域，中国对日本的直接投资累计项目数高达96.6%，分布在建筑、商事和贸易、服务、运输等行业。2001—2004年间，中国对日投资中非制造业仍占主导，始终没有涉及食品和金融保险等行业。2005年以后，中国政府出台的政策更倾向于鼓励国内企业进行对外投资，在此背景之下，中国对日的投资规模不断扩大（如图1-2所示），但投资规模仍旧较小，以2016年为例，中国对日本直接投资流量为34 401万美元，仅占对亚洲国家（地区）投资规模的0.026%[2]。

表1-1　　1989-1999年中国对日本直接投资行业分布表　　单位：项

行业 \ 年份		1989	1990	1991	1992	1993	1994	1995	1996	1997	1998	1999
制造业	纤维	—	—	—	1	—	—	—	2	—	—	—
	化学	—	—	—	—	—	—	—	—	—	—	—
	金属	1	—	—	—	—	—	—	—	—	1	1
	机械	—	—	—	—	3	—	—	—	—	1	—
	石油	—	—	—	2	—	—	—	1	1	—	—
	其他	—	—	—	—	—	—	—	1	1	—	—
	合计	1	—	—	3	3	—	—	4	2	2	1

① 刘阳春．中国企业对外直接投资的特征研究[J]．经济与管理研究，2008(11)：55-59．

② 商务部，国家统计局，国家外汇管理局．2010年度中国对外直接投资统计公告[R]．中华人民共和国国务院，2017．

续表

行业＼年份		1989	1990	1991	1992	1993	1994	1995	1996	1997	1998	1999
非制造业	通信业	—	—	—	—	—	—	—	—	2	—	1
	建筑业	4	4	19	—	—	1	—	1	1	—	—
	商事和贸易业	19	16	11	33	47	35	37	25	23	28	23
	服务业	9	17	7	10	15	8	6	10	8	7	9
	运输业	1	—	—	—	2	2	1	2	2	—	—
	房地产业	—	—	—	—	—	—	—	—	—	2	2
	其他	3	2	—	—	—	—	—	—	—	1	—
	合计	36	39	37	43	64	46	44	38	36	38	35
总计		37	39	37	46	67	46	44	42	38	40	36

资料来源：根据日本贸易振兴机构的直接投资统计数据整理。

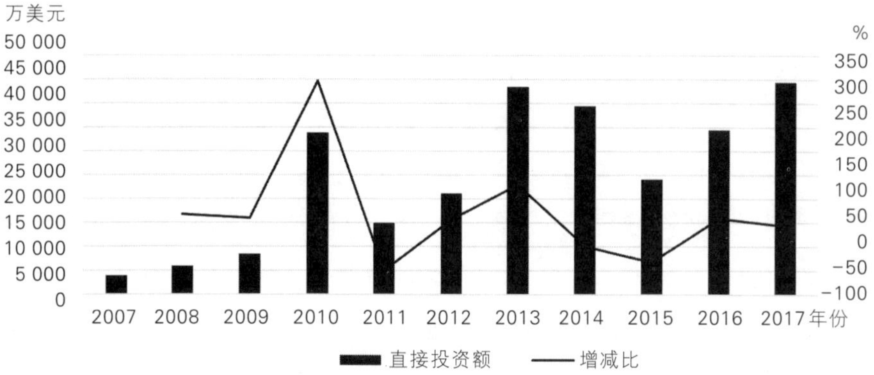

图 1-2　2007—2017 年中国对日本直接投资情况图

资料来源：国家统计局。

1.2.2　与韩国经济合作现状

韩国在东北亚区域合作中表现较为积极主动，不仅提出了区域合作的诸多倡议，而且积极参与了区域的双边和多边经济合作。韩国对东北亚共同体与东亚共同体都表现出了极大的关注。1986 年，韩国提出了建立黄海经济圈的构想，包括中国整个环渤海地区以及长江三角洲地区的一部分。2002 年，韩国政府提出了“东北亚经济中心国家”计划，试图将韩国发展成为东北亚经济活动中心。当东北亚区域一体化刚刚起步时，金大中政府就提出了“东北亚商业中心国家实现方案”，卢武铉政府又进一步提出“建设东北亚经济中心国家方案”，将东北亚共同体的建设纳入其中，包括在国家内部建设东北亚物流中心、东北亚金融中心和创造型国家革新体制，在外部建立东北亚各国经济、文化交流机制，交通信息网络和能源合作机制。2003年12月，韩国东北亚时代委员会发表了东北亚金融中心（即承担连接金融需求者和资金供给者、有效分配金融资源功能的中心地带）推进战略，并计划分三个阶段推进其金融中心建设。2006年4月，东北亚时代委员会提出了东北亚经济共同体的构想及为了实现构想的具体方案。面对中国的崛起，李明博政府奉行实用主义外交，在与中国建立全面合作伙伴关系的基础上，努力通过扩大中韩经贸合作和中韩谈判进一步发展与中国的战略合作伙伴关系，以拓展振兴韩国经济所必需的市场。朴槿惠政府也特别重视发展与中国的经贸合作，并推进中韩自贸区建设，将“欧亚倡议”与俄罗斯的“钢铁丝绸之路”相呼应，推进韩国企业参与俄罗斯和朝鲜的罗津—哈桑铁路建设项目。文在寅政府接连提出了诸多区域经济合作构想：一是2017年7月提出的“朝鲜半岛新经济地图构想”，意在推进以朝鲜半岛为核心区的经济合作，致力于打造“H形经济发展布局”；二是2017年9月提出“新北方政策”，旨在打造一个巨大的经济区域，从朝鲜半岛和俄罗斯远东，再扩展到东北亚和欧亚大陆，专门设立了北方经济合作委员会，并将其“新北方政策”的核心概括为“一道一线（网）”，“一道”指的是北极航道，是从韩国釜山出发，穿越北极最终抵达荷兰鹿特丹，通过中韩合作开拓北极航线，降低从朝鲜半岛到欧洲的物流成本，“一线”指的是“东北亚超级电网”（Super-grid），主要是把蒙古国、俄罗斯的资源转换为电力为韩国等国所用。

近年来，随着中韩FTA的的签署及中国“一带一路”倡议的实施，中韩经济合作进入全面、深化发展的“快车道”。韩国对华投资起步较晚，但投资规模发展较快，总体来讲韩国对华投资可分为四个阶段。第一阶段为中韩建交前，韩国对华投资处于前期萌芽试探阶段。在1985—1992年间，韩国企业对华投资项目仅934项，合同金额6.2亿美元，且使用金额仅为1.6亿美元。这一时期，由于政策和历史原因，韩国主要通过中国香港、日本等间接对中国内地进行投资，投资规模与数量很小。第二阶段为1992—1997年，韩国对华投资迅速发展。1992年中韩建交，韩国对华投资得到了较快的发展，且投资方式以直接投资为主，投资规模不断扩大，1992年韩国对华投资为1.19亿美元，到1997年已增长到21.42亿美元。第三阶段为1997—2000年，韩国对华投资处于金融危机的复苏阶段。1997年东南亚金融危机爆发，韩国对华投资金额暂时下降，1999年韩国对华投资额下降为12.74亿美元，但1999年之后又恢复了增长态势。第四阶段为2000年至今，韩国对华投资蓬勃发展。进入21世纪，中国加入世界贸易组织，对外经贸合作进一步开放，优惠的投资环境吸引了许多外商直接投资，韩国对华投资也随之蓬勃发展；2004年韩国对华投资规模达到高点，为62.48亿美元，之后开始下滑（如图1-3所示），部分原因是韩资企业大部分为中小企业，倾向于以独资的方式进入中国市场，企业形式多为家族式企业，抗风险能力弱，经常出现非正常撤资情况；2011年之后，中韩相互投资开始恢复上升态势，目前韩

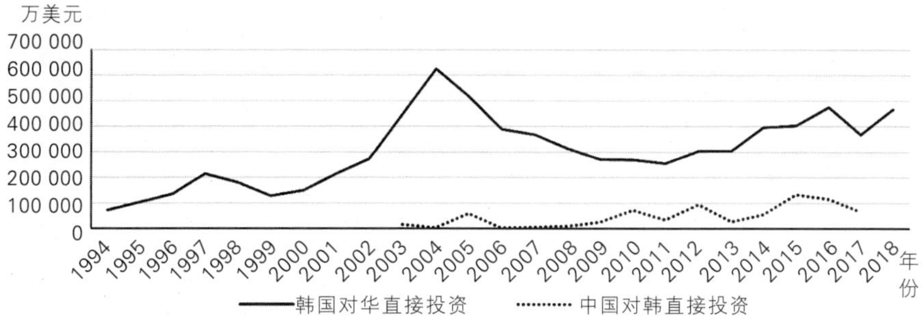

图1-3　中韩相互投资情况图

资料来源：中国国家统计局、中国商务部。

国是我国重要的外资来源国之一。商务部数据显示，2019年1—5月对内地投资前十位国家和地区中，中国香港第一，韩国第二。相较于韩国对华投资，中国对韩直接投资规模较小。虽然进入21世纪后，中国扩大对韩投资，但在绝对规模上仍远小于韩国对华投资。总体来讲，目前中国企业在韩投资处于起步阶段，尚缺乏投资和经营经验。

中韩建交以来，韩国对华投资不断增长，根据商务部的统计，截至2017年韩国对华实际投入金额为7 237亿美元，在中国吸引外商投资中，韩资所占的比重为7%。[①]韩国对华投资的主要动机也随着中国的发展而变化（如表1-2所示），在2009年之前，韩国对中国投资的主要动机为摆脱贸易保护和促进进口，这很好地顺应了韩国外向型的发展模式。2010年之后，韩国对华投资的主要动机转向扩大中国市场，韩国国内市场狭小，而中国人口基数庞大，拥有巨大的市场需求，韩国企业为了扩大在中国市场的占有率开始大规模对中国进行投资。

表1-2　1998—2014年按投资动机分类的韩国对中国直接投资　单位：万美元

时期	投资动机				
	扩大中国市场	促进进口	廉价劳动力	摆脱贸易保护	资源开发
1998—1999年	29 135	184 192	109 835	33 478	11 128
2000—2009年	145 396	627 996	517 511	872 595	45 631
2010年	224 025	78 537	57 229	3 339	1 535
2011年	192 751	75 660	68 035	8 343	2 044
2012年	317 616	54 251	23 488	3 926	675
2013年	390 007	78 356	22 097	5 164	6 631
2014年	214 191	63 156	15 900	4 002	6 654

资料来源：韩国进出口银行对外直接投资资料统计（https：//www.koreaexim.go.kr）。

① 数据来源：商务部外资统计公报2018.

1.2.3 与俄罗斯经济合作现状

中俄毗邻，经济结构的互补及共同的战略利益使中俄关系发展迅速，从“相互视为友好国家”到“面向21世纪的建设性伙伴关系”，再到“面向21世纪的战略协作伙伴关系”。

中俄合资企业的数量增长很快。1992年在俄罗斯注册登记的中俄合资企业只有57家，而到1997年已达1 500家，同期，在中国注册登记的中俄合资企业也有750家之多。但是，由于绝大多数的中俄合资企业集中在受益快、缺乏高科技产品支撑的商业、服务业和中介领域，因此许多合作项目规模较小，难以对双方产业结构调整和经济发展产生有力的推动作用。据俄方统计，截至1997年中方企业在俄的平均投资规模为5万美元，俄方企业的平均注册资本为48万美元。中国对俄投资只占俄罗斯外国投资总额的6%，俄罗斯对中国的投资只占中国吸引外资总额的0.04%。中俄投资合作规模小，对拉动双边贸易作用有限[①]。

中俄相互投资仍处于起步阶段，大型投资项目及投资规模较小。2017年中国对俄罗斯的直接投资额为15.48亿美元，仅占中国对外投资总额的0.98%，2017年年末中国对俄罗斯的投资存量为138.72亿美元，占中国对外投资存量的0.77%。俄罗斯对中国的投资则更少，中国实际利用外商直接投资中来自俄罗斯的只在2004年突破1亿美元，2017年仅为0.24亿美元。虽然中俄相互投资规模尚小，但自“一带一路”倡议提出以来，中俄相互的投资领域有了很大的变化，大项目投资成为投资主体，如2014年中石油和俄罗斯天然气公司签署了价值4 000亿美元的《中俄东线供气购销合同》，2017年中国投资有限责任公司与俄罗斯直接投资基金交换了《中俄投资基金第二期注资的谅解备忘录》，双方向中俄投资基金分别认购

① 唐朱昌. 加快新时期中俄贸易发展的思考[J]. 世界经济文汇，2001(2).

了5亿美元的承诺投资金额，该基金将继续专注于投资中俄经贸等合作类项目，促进两国相关产业发展。同时“一带一路”倡议提出以来，中俄科技领域相互投资不断拓展，2015年4月，中俄双方达成协议，共同设立2亿美元风险投资基金，促进在科技创新领域的合作。2017年中国商飞公司和俄罗斯联合航空制造集团成功联合研发远程宽体飞机。①中俄跨境基础设施合作也稳步推进，中俄东线天然气管道、同江铁路桥、黑河公路桥等项目顺利实施。

中俄之间的经济合作基本不存在非经济因素的制约。目前面临的问题主要是应考虑如何优化商品贸易结构、转换合作模式（即由产品优势互补转为产业结构优势互补）和提高科技合作水平。

1.2.4 与蒙古国经济合作现状

从对外经济合作情况来看，东北亚国家正在成为蒙古国对外贸易的首选对象和外资的最主要来源国。由于与俄罗斯的传统经济联系，目前在蒙古国的国民经济体系中，苏联援建的企业的产值仍占蒙古国工业总产值的60%以上。与俄罗斯合资的企业如蒙俄有色金属公司、额尔登特蒙俄铜钼联合采选公司等依然掌握着蒙古国的国民经济命脉。可以说，目前没有俄罗斯的经济合作，这些企业将面临停产状态。自1989年中蒙关系恢复正常化以来，两国的经济合作发展较快。1991—1996年，中国向蒙古国提供了1.3亿元的无息贷款，用于投资建设16个经济技术合作项目，目前，在蒙古国的中国企业共有161家。蒙古国同日本的经济合作发展最为迅速，1991—1998年，日本7次发起世界援蒙国家会议，日本的援助额超过了各国援蒙总额的1/3，是蒙古国最大的援助国。日本政府对蒙投资涉及蒙古国国计民生的重要部门，如日本投资建立的蒙古国第四发电站是蒙古

① 王桂东，刘佳曦．“一带一路”战略对中俄经贸发展的影响[J]．商场现代化，2019(13)：43-45.

国最大的电站，承担着全蒙70%的供电任务。日本还出资帮助蒙古国改善铁路的运输状况，铺设光缆线路，更新国家电视台的器材设备等。此外，韩国是蒙古国外资的主要来源国之一。

中蒙经济合作具有天时、地利、人和的优势。首先，中蒙经济互补性强，中国的人力与技术资源优势与蒙古国丰富的自然资源奠定了两国合作的空间；其次，中蒙两国地理相邻，两国边界开通15个口岸，为两国经济合作创造了便利条件；最后，中蒙两国有着良好的政治关系，一直以来两国关系平稳、健康地发展，2014年中蒙建立起全面战略伙伴关系。

自1990年起，中国对蒙古国投资不断增加，1990年中国对蒙古国的投资公司仅为1家，1993年增加为12家，2009年已发展为4 927家。截至2012年年底，中国企业累计对蒙非金融类直接投资22.1亿美元，投资企业达到5 737家；2015年对蒙古国进行直接投资的中方企业的投资总额为60.32亿美元，占据了蒙古国投资市场份额的半壁江山。从投资行业分布来看（见表1-3），中国在蒙古国主要投资领域为矿产勘探开发和贸易、饮食行业，劳动及资源密集型行业为中国对蒙古国投资的主要领域，新型产业投资较小，这一投资结构顺应了中蒙两国的经济发展结构，符合两国利益。

表1-3　　中国在蒙古国按行业投资额统计　　单位：万美元

行业 \ 年份	2005	2009	2011	2013	2015
矿产勘探开发	17 334.6	29 763	40 078	30 567	42 159
食品加工	9.1	275	763	603	780
畜产品加工	82.5	120	112	110	128
医疗卫生、美容	27	92	113	111	148
工程、建筑、建材	58.9	86.2	64.8	75.6	85.2
文化、教育、科技	3	14.4	33.3	37.6	48.9
运输	26.4	42.2	31.7	28.9	38.7

续表

年份 行业	2005	2009	2011	2013	2015
农牧业开发	84.1	123.1	92.5	98.4	115.2
轻工业	93.8	137.3	103.2	98.4	114.6
电力开发	8	16.6	9.6	8.4	12.3
贸易、饮食	3 010.3	4 207.3	3 309.7	3 985	4 258
信息、通信业	39.4	81.7	47.3	53.6	55.3
电器产品生产	2	2.9	2.2	1.8	2
公共服务	2.4	3.5	2.6	2.2	2.6
银行、金融业	5.6	8.2	6.2	6.1	9
贵重纪念品生产	9	13.2	29.9	223.6	27.6
家具及木制品生产	2.2	3.2	2.4	3.2	4.1
家庭用品生产	5.2	7.6	15.7	12.8	11.2
旅游	53.8	78	59.2	57	62

资料来源：蒙古国工商会数据统计及中国商务部年鉴。

目前，中蒙经济合作主要以矿产能源为主，多以金属、地质矿产品的加工运输为主要形式，产品的技术附加值低，相关的技术水平也不高。其他的企业分布在食品及餐饮、建筑建材、农牧产品加工运输等行业。中蒙现有合作多为浅层次的经贸合作，随着蒙古国经济的进一步发展，开展深层次的经济合作是必然的要求，也是蒙古国提升经济发展水平、改变经济发展结构和增长方式的必然选择。中蒙经济合作，谋求共同发展，力求实现在经济和技术上的提升，但中蒙在合作过程中还存在各种因素的限制。突破中蒙经济合作的瓶颈，需要分析出问题成因，选择出适合中蒙的经济合作模式，并根据推进路径进行经济技术合作模式的构建。

1.2.5 与朝鲜经济合作现状

朝鲜是中国山水相邻的传统友好国家，也是关乎中国在东北亚地区战略利益的邻邦。1949年中朝建交，70年来，中朝两国始终高度重视中朝传统友谊，中朝经贸合作不断加强，对两国及东北亚区域的发展起了重要作用。

2011年，中朝两国在朝鲜黄金坪、威化岛经济区与罗先经济区举办奠基仪式，2012年，双方签署协议成立罗先经济贸易区管理委员会和黄金坪、威化岛经济区管理委员会。目前，中国的东北地区对朝鲜的投资主要集中在平壤、罗先等地的铁路和重工业，而朝鲜对中国东北地区的投资领域主要集中于日用品以及餐饮服务业。

朝鲜为吸引外资，制定了由国家担保的外商投资“优先偿还、实物付账、统一结算”三大新原则，以保障外国投资者利益，增强外商投资信心。自2002年“7·1”朝鲜经济政策调整之后，中国诸多企业看到了朝鲜经济政策提供的大好商机，以中朝边境为中介开始对朝鲜投资。2005年3月，中朝两国缔结了《朝鲜民主主义人民共和国政府和中华人民共和国政府关于促进和保护投资协定》，为投资合作提供了法律保障。目前，中国企业以边境地区为中介，对朝鲜进行以矿山开采和渔业合作等资源开发领域为主的投资，对制造业投资集中在农业机械、建筑材料、食品、服装等方面。

目前，中国成为朝鲜最大的投资对象国。朝鲜对中国的投资集中在东北三省和北京、上海、广东等地，主要投资于饮食业、民间艺术品加工业、服装加工业及IT业等。朝鲜对中国的投资大多为小规模投资，规模超过100万美元的不足10项，最大投资规模不过1 000万美元。到2005年，朝鲜对中国协议投资额累计2.5亿美元，实际投资额累计9 400万美元，向中国商务部提出直接投资申请的朝鲜企业共有443个，其中有200多个企业正在运营中。2008年8月，中国大连创立集团获得朝鲜罗津港码头10年的租赁权。此项交易要求创立集团投资改善港口并铺平从图们江元汀里至罗津港的土路。对创立集团而言此项财政投资太大，难以管理。然而，吉林省在2009年出台长吉图开发计划，为缺乏资金的创立集团提供财政支持。2010年创立集团又将其租赁权延长了10年。

1.3 东北亚区域经济合作的特征

与欧洲等其他区域相比，东北亚地区的经济合作具有经济互补性强、经济合作潜力较大、经济发展水平呈现多层次和多梯度等特点，这使得东北亚地区的经济合作相对于国际其他区域经济合作呈现出合作层次多元化、合作模式多样化的特点，从而形成了东北亚区域经济合作的独特特征。

1.3.1 各国的经济合作局限在双边

表1-4为中国与东北亚各国在投资贸易领域和经济领域签订的条约情况。可以看出，中国与其他五国签订的条约大多是双边性的，多边性条约数量较少且相当部分是国际性的。此外，东北亚国家未形成相关的经贸制度，贸易无规则运行将导致出现分歧时各国倾向于保护本国利益，贸易争端无法得到统一解决，从而阻碍贸易高水平地发展。

表1-4 中国与东北亚国家签订的条约情况

<table>
<tr><th rowspan="2">合作国</th><th colspan="2">投资贸易领域</th><th colspan="2">经济领域</th></tr>
<tr><th>双边数量（个）</th><th>多边条约</th><th>双边数量（个）</th><th>多边条约</th></tr>
<tr><td>中日</td><td>16</td><td rowspan="5">《亚洲基础设施投资银行协定》《中华人民共和国政府、日本国政府及大韩民国政府关于促进、便利及保护投资的协定》《建立商品共同基金协定》《联合国国际货物销售合同公约》</td><td>29</td><td rowspan="5">《中华人民共和国、蒙古国、俄罗斯联邦关于编制建设中蒙俄经济走廊规划纲要的谅解备忘录》《1982年国际黄麻和黄麻制品协定》《亚洲和太平洋发展中心章程》《联合国工业发展组织章程》《设立亚洲再保险公司的协定》《关于建立图们江地区开发协调委员会的协定》《关于建立图们江经济开发区及东北亚开发协商委员会的协定》</td></tr>
<tr><td>中朝</td><td>45</td><td>7</td></tr>
<tr><td>中蒙</td><td>41</td><td>8</td></tr>
<tr><td>中韩</td><td>61</td><td>12</td></tr>
<tr><td>中俄</td><td>48</td><td>46</td></tr>
</table>

数据来源：中华人民共和国条约数据库（http：//treaty.mfa.gov.cn/Treaty/web/index.jsp）。

1.3.2 次区域经济合作快于区域整体经济合作

近些年来，在东北亚区域经济合作中，一些条件成熟的次区域充分发挥内在有利条件和灵活性优势，采取积极的推进措施，使次区域的经济合作率先发展起来，尤其是环黄渤海区域经济合作与图们江区域经济合作。环黄渤海区域经济合作主要是中、日、韩之间的合作。这缘于环黄渤海沿岸各国的地缘区位条件优越，加之各国经济合作的积极性较高。正因如此，近年来中、日、韩之间的贸易、投资、技术和劳务等方面的合作有了长足发展，区域经济合作领域不断拓宽，彼此之间的经济联系越来越紧密。图们江区域经济合作的步伐近年来在各国政府和企业推动下发展亦较为迅速，在一定程度上推动了整个东北亚地区的次区域经济合作。

1.3.3 地方间经济合作先于国家间经济合作

在东北亚区域经济合作尚未在国家间展开的情况下，地方因经济利益驱动、地缘区位优势、积极性较高等优势而先于国家间的经济合作发展起来。例如在环日本海地区，1994年以来每年召开一次“环日本海地区国际交流与合作地方政府首脑会议”，中国的吉林省、日本的鸟取县、韩国的江原道、俄罗斯的滨海边疆区等地方政府首脑均参加了此会议。可见，在东北亚区域经济合作中，地方间的区域合作相对于国家间的合作更加积极，这也说明东北亚区域经济合作对于地方经济发展具有重要意义。

1.4 东北亚区域经济合作的推进路径

1.4.1 东北亚各国发展战略与“一带一路”合作实现对接

俄罗斯方面，“一带一路”倡议与“欧亚经济联盟”战略对接，形成

“一带一盟”发展战略。欧亚经济联盟是由俄罗斯、白俄罗斯、哈萨克斯坦、吉尔吉斯斯坦和亚美尼亚五国成立的经济一体化组织，“欧亚经济联盟”和“一带一路”经济带地缘区位完美重叠，五个经济联盟位于丝绸之路经济带由东向西的中国—中亚—俄罗斯—欧洲第一条经济带上，且“一带一盟”成员国政治互信度较高、经贸往来密切、经济结构高度互补，这促使“一带一盟”合作快速展开。2018年9月商务部同国家开发银行与俄远东发展部共同编制的《中俄在俄罗斯远东地区合作发展规划（2018—2024年）》在中俄总理第二十三次定期会晤期间正式批准。文件全面阐释远东地区中俄经贸合作发展机制，从产业优势、市场情况、政策环境等方面为双方合作提供行动指南。[①]以此为契机，俄罗斯远东开发开放可以搭上中国“一带一路”倡议的“快车”，通过大规模基础设施的兴建，实现两国边境地区跨越式发展。

未来中俄双方可依托“一带一路”所搭建的平台，在以下领域进行对接合作。一是加强农业产业合作，俄罗斯远东与东北地区农业合作具有互补性，加强两地区的农业合作意义重大。未来中俄两国需整合大的企业，开展农产品的深加工、提高附加值、延长产业链，实现农业的产、供、销一体化发展。二是深化能源领域合作，俄罗斯远东地区蕴含着丰富的石油、天然气资源，滨海边疆区是俄罗斯远东构建的特定产业型超前发展区，其主要投资者是俄罗斯石油公司和俄罗斯天然气公司，但其发展区依旧面临资金和技术缺乏问题，相较而言，中国东北老工业基地资金丰富及技术先进，可加强对俄罗斯相关发展区的投资。东北老工业基地中的大庆、辽阳和大连应凭借其先进的炼油技术优势和雄厚的资金优势，在俄罗斯远东特定产业型超前发展区投资建设大型炼油厂及相关企业。同时，东北作为俄罗斯与东北亚其他各国重要的连接点，要积极与俄罗斯等国统筹

① 中国一带一路网. https://www.yidaiyilu.gov.cn/wap/wap.htm.

推进北极航道开发利用、北极地区资源开发等全方位合作，推进东北亚地区与“冰上丝绸之路”东北和西北两条航道的连接。三是开展高新技术领域合作，高新技术产业是产业结构升级的强劲动力，中俄合作需要更多高新技术项目。首先，双方可在电子信息产业加强合作，中国政府高度重视电信产业发展，《东北地区振兴规划》中明确指出，中国要加快发展高新技术产业，要将长春国家光电子产业基地建设作为重点发展对象，从而做大做强地区的电子信息产业。俄罗斯远东电信产业基础较薄弱，资金、技术投入不足，当地居民生活水平较低，亟需发展电信产业。中俄双方应在电信领域加强合作、相互学习借鉴。其次，双方可在飞机、航海等高新技术领域开展合作，远东地区在这一领域的丰富经验可向中国提供更多的合作机遇，如远东地区几十年来一直在从事各型飞机的生产制造工作，中俄加强这一领域合作可为中国民航客机研发工作提供很多宝贵经验。同时在海洋科学技术方面，俄远东联邦大学掌握着较先进的技术，其研制的水下机器人等海洋科考设备在国际市场具有较强竞争力，中俄在这方面的合作前景广阔。

日本方面，日本对“一带一路”倡议的态度经历了由消极否定到谨慎观望再到积极合作的演变趋势。目前，中日两国在“一带一路”框架下积极开展第三方市场合作，中国有劳动力优势、雄厚的基建能力，日本技术先进、海外投资经验丰富，中日两国企业在第三方市场合作，可以实现“1+1>3”的效果。2018年10月，第一届中日第三方市场合作论坛在北京成功召开，论坛期间，两国签署了《关于建立中日创新合作机制的备忘录》，达成了52项合作，包括基础设施、金融、物流、信息技术等广泛领域，意味着“一带一路”框架下中日第三方市场合作开启了合作征程。

韩国方面，文在寅政府推出“朝鲜半岛新经济地图”“新北方政策”“新南方政策”等，旨在强化朝鲜半岛南北经济合作，与俄罗斯共同开发远东地区，与中国“一带一路”倡议对接。两者都以推动区域经济一体化为发展理念，且覆盖范围重合，合作领域互补，2017年文在寅访华时就已明确提出“三新政策”同“一带一路”倡议一脉相承，可相互对接，并进一步提出对接的“四大合作方案”。在2018年中韩经济部长会议上，两国进一步明确了对接线路图。

朝鲜方面，“一带一路”倡议与朝鲜改革开放新变化对接。近年来，朝鲜积极推动改革措施，国际政治经济局面有了很大的改善，韩朝领导人多次会晤，美朝首脑也实现了历史性的交流会晤，政治环境的改善促使朝鲜经济建设受到高度重视。一直以来，朝鲜对华贸易有着较高的依赖性，“一带一路”建设为朝鲜提供了经济增长的便车，虽然目前并未签署任何朝鲜经济发展与“一带一路”倡议对接的正式文件，但两国已开启实质性的合作，朝鲜将经济特区由4个开放到26个，开展招商引资，力邀中国前去投资。

蒙古国方面，蒙古国的“发展之路”与“一带一路”倡议中俄蒙经济走廊对接。蒙古国的“发展之路”战略主要为：在物流方面建立连接欧亚的交通运输铁路公路网，在能源方面铺设能源管道和跨境电网，在贸易方面做强做大矿业及其出口规模，这和“一带一路”倡议的“五通”不谋而合，蒙古国的“发展之路”战略可搭中国“一带一路”倡议的“顺风车”实现经济发展。2015年，中蒙两国签署了《中华人民共和国和蒙古国关于深化全面战略伙伴关系的联合声明》，确立了“三位一体、统筹推进”的对接方案。2017年，两国政府代表正式签署了《蒙古国发展之路计划与中国一带一路倡议对接》谅解备忘录，再次表明了两国在“一带一路”建设框架下加强合作的态度与决心，目前，各对接领域有序展开，成果显著。

1.4.2 推动中日两国“第三方合作”

2013年，中国提出了“一带一路”倡议，横贯欧亚大陆，联通陆海，并于2017年5月成功主办“一带一路”国际合作高峰论坛，29个国家的元首和政府首脑，140多个国家、80多个国际组织的1 600多名代表出席。

日本对“一带一路”沿线地区不断增加投入，无疑加大了中国西部所面临的战略压力，也对中国力推的“一带一路”倡议形成竞争。比如，在中国政府推动亚洲基础设施投资银行（AIIB）建设，并正式提出“一带一路”倡议后不久，日本政府就抛出1 100亿美元的“高质量的基础设施伙伴关系”计划。可以看到，日本政府正利用各种国际场合，以“高品质”“信赖度”等作为口号，极力通过积极宣传日本品牌的“高质量”，来凸显与中国产品的区别，并力争以此为突破口，赢得对华竞争优势。此外，近年来，日本采取首脑直接推销和企业抱团儿竞标的方式，与中国企业竞争亚太各国基建市场的订单，力争在未来区域经济合作中占据更多的话语权和拥有更大的影响力。比如，面向东南亚，围绕该地区各国的高铁建设计划，日本从上到下全力推销“新干线”，极力抗衡中国高铁出口。除日本政府官员积极赴各国游说外，日本各铁路公司和其他民间企业联合组成“国际高速铁道协会”，力图举全国之力，与中国及欧洲竞争高铁订单。早在2014年8月中旬，日本国土交通大臣太田昭宏访问马来西亚时，东日本旅客铁道（JR东日本）和日立制作所等企业的领导都随行出访并协助太田昭宏游说马方。为争取高铁订单，JR东日本不仅在新加坡设立了收集情报的事务所，该公司副社长小县方树还在马来西亚召开的铁道展示会上表示“希望能够中标”。在2015年与中国竞争印度尼西亚雅万高铁项目失利后，日本转向积极投资印度尼西亚的港口设施。2016年4月，日本宣布与印度尼西亚政府就通过日元贷款建设印度尼西亚最大港口（丹戎不碌港）进入最后协调阶段。该项目费用预计达到2 000亿日元，计划于2019年完工。2015年年底，在日本拿到印度首个高铁订单前不久，中印刚就铁路合作签署了行动方案，中铁总公司牵头的企业联合体也赢得了对德里—孟买高铁线路的可行性研究竞标。而在孟加拉国，日本国际协力机构宣布，将以优厚条款提供80%的融资，用于在玛塔—巴瑞港口建设4个各600兆瓦的火力发电厂，以及一个港口综合设施。与此同时，中国正与孟加拉国就索纳—迪亚深水港项目展开谈判。由于这两个港口距离较近，孟加拉国规划部长穆斯塔法·卡马尔声称，该国有意采纳日本计划，也因此有可能搁置与中国的谈判。

在中日双方已达成“第三方市场”合作共识的背景下，双方应遵循共商、共建、共享的原则，尊重东道国意见，积极探索中日“第三方市场”合作模式，进而构建各类合作方案，使得中日第三方市场合作有序推进。首先，双方应建立并维护好第三方市场合作的长效工作机制，并建立相关机制执行机构进行制度的定期交流，推动建立涵盖政府、企业、金融机构、商（协）会、智库、使领馆“六位一体”的工作对接网络，分享第三方市场政策、法律、项目等合作信息，制定详细的合作路线图，明确重点工作和实施计划。其次，双方应完善第三方重点国别项目信息库，确定中日双方合作的重点区域和重点领域，通过政府部门、企业、金融机构等多种渠道，搭建第三方合作有效的对接服务平台，加强重点项目的跟进，使得双方重点合作项目在东道国顺利开展。最后，中日双方应充分发挥金融的引领和支持作用，推动设立由国开行或丝路基金与国外金融机构合作的系列第三方共同投资基金，采用股权、债权等各种形式，为双方企业进行项目合作以及共同投资第三方市场项目提供融资支撑，推动各项合作向高标准、高质量、可持续的方向发展。

1.4.3 加强中蒙俄经济带建设

2014年，中蒙俄三国元首首次会晤时提出中蒙俄经济走廊这一构想，将中国的“一带一路”、俄罗斯的“跨欧亚大通道”、蒙古国的“草原之路”实现战略对接。2015年，三国元首在乌法第二次会晤时明确了《建设中蒙俄经济走廊规划纲要》的总体框架。2016年，中国国家发展改革委正式公布《建设中蒙俄经济走廊规划纲要》，这标志中蒙俄多边合作规划正式启动，这不仅在东北亚形成一个新的发展区域，促使三国经济一体化，而且将大大促进东北亚区域经济合作快速发展。目前，中蒙俄经济走廊建设已取得积极进展，在产业园区建设方面，各类平台稳步建设，如满洲里综合保税区、中俄互市贸易区已全封闭运营；在产能合作方面，中俄原油管道二线正式投入运营，管道输油量达到每年3 000万吨，中俄石油企业投资、交流合作加深。

加强“一带一路”倡议下的中蒙俄经济带建设，首先要以实现贸易便利化为出发点，其次是要实现产业发展互补条件的有效结合，最后要为实现区域经济一体化创造必要条件。具体来说：一是要选择并确定中蒙俄经济走廊建设的发展轴，凭借三国地理位置毗邻的优越性以及东北地区振兴和开放所带来的政策优势，加快推进中蒙俄经济走廊基础建设，为亚欧大陆桥铺设道路，力争建立一个海、陆、空全方位的利益网络和经济发展轴；二是要确定并规划中蒙俄经济走廊建设的功能和方向，中蒙俄三国经济体制和经济发展水平存在巨大差异，充分发挥各国在科技实力、资金储备和资源禀赋上的比较优势，确定沿路城市的重点发展“点”，由“点”及“面”，达到资源配置和经济效应的最佳状态；三是要推进并形成中蒙俄经济走廊建设的增长极，优先集中人力、物力、财力开发等级和层次较高的贸易或交通中心，建设发展轴或增长极，再由点及面向四周城市和区域扩散，发挥辐射效应带动整个中蒙俄经济走廊经济的快速发展。[①]

1.4.4 以亚投行为契机完善东北亚互通基础设施

中国所创设的亚洲基础设施投资银行（AIIB），截至2019年1月已经有70个成员国和23个意向国。《亚洲基础设施投资银行协定》中申明，在全球化背景下，区域合作在推动亚洲经济体持续增长及经济和社会发展方面具有重要意义，也有助于提升本地区应对未来金融危机和其他外部冲击的能力；基础设施发展在推动区域互联互通和一体化方面具有重要意义，也有助于推进亚洲经济增长和社会发展，进而为全球经济发展提供新动力；亚洲基础设施投资银行通过与现有多边开发银行开展合作，将更好地为亚洲地区长期的巨额基础设施建设融资缺口提供资金支持；作为旨在支持基础设施发展的多边金融机构，银行的成立将有助于从亚洲域内及域外

① 刘珣．中蒙俄经济走廊建设中的国家战略耦合性研究[J]．学术交流，2017(11)：145-146.

动员更多的急需资金，缓解亚洲经济体面临的融资瓶颈，与现有多边开发银行形成互补，推进亚洲实现持续稳定增长。蒙古国和俄罗斯是“一带一路”所涵盖的东北亚国家。亚投行与东北亚银行或东北亚地区其他的区域金融机构之间，如何进行功能和关系上的对接，不仅是中国要思考和解决的问题，也是东北亚地区金融合作共同面临的机遇和挑战。

东北亚地区在“一带一路”倡议带动下，建设东北亚陆桥联通网络，打通图们江出海通道，完善交通枢纽的联通建设，主导和推进东北亚地区公共产品和基础设施建设，都依赖于亚投行“金砖国家开发银行”等融资平台的资金支持。例如位于吉林、辽宁、内蒙古三省交界位置的吉林四平市将建设智能公路港，这一智能物流网络项目在集散和输送东北地区原料和产品的同时，对于东北亚地区物流资源整合以及发展跨国贸易具有重要意义。此外，打造贯穿中、俄、蒙、朝的大图们江国际通道为东北亚区域经济合作提供便捷的路径，而亚投行作为必要的资金来源渠道，为交通枢纽等重要基础设施的建设提供了坚实的基础。

1.4.5 加强东北亚多边合作机制

（1）中日韩FTA建设

中日韩三国是东北亚最大的经济体，在推动东北亚区域经济合作中具有引领作用，中日韩三国之间的关系很大程度上决定着东北亚区域合作与交流水平，因此中日韩FTA的构建对东北亚区域一体化发展具有重大意义。

2012年，中日韩FTA正式启动谈判进程；2013年，三国在首尔进行了自贸区的首次谈判，中日韩自贸区的谈判已有7年。然而，在中日韩自贸区谈判刚刚起步阶段，日本加入TPP的谈判，使得中日韩FTA谈判进程受阻。目前，如表1-5所示，中日韩FTA已进行了十六轮谈判，中日韩FTA已经达成实质性的进展，只要中日韩三国认定建立自贸区的方向，并进行切实的谈判，必将产生积极效应，不断促进东北亚区域经济一体化发展。

表 1-5　　中日韩FTA谈判历程

阶段	日期	地点	谈判内容
准备会议	2013年2月	东京	—
第一轮	2013年3月	首尔	谈判的范围和方式
第二轮	2013年8月	上海	货物贸易、服务贸易、海关程序、竞争政策
第三轮	2013年11月	东京	货物贸易、服务贸易、投资、竞争政策、知识产权
第四轮	2014年3月	东京	货物贸易、服务贸易、投资、竞争政策
闭会期间会议	2014年6月	北京	货物贸易、服务贸易、投资、竞争政策、知识产权
第五轮	2014年9月	东京	货物贸易、服务贸易、投资
第六轮	2015年1月	东京	货物贸易、服务贸易、投资
第七轮（首席代表）	2015年4月	首尔	货物贸易、服务贸易、投资、竞争政策、知识产权
第七轮（部长/副部长）	2015年5月	首尔	货物贸易、服务贸易、投资
第八轮（部长/副部长）	2015年9月	北京	货物贸易、服务贸易、投资、竞争政策、知识产权
第八轮（首席代表）	2016年7月	北京	货物贸易、服务贸易、投资
第九轮（首席代表）	2016年1月	东京	货物贸易、服务贸易、投资
第十轮（部长/副部长）	2016年3月	首尔	货物贸易、服务贸易、投资、竞争政策、知识产权
第十一轮	2017年1月	北京	货物贸易、服务贸易、投资
第十二轮	2017年4月	东京	货物贸易、服务贸易、投资
第十三轮（首席代表）	2018年3月	首尔	货物贸易、服务贸易、投资
第十三轮（部长/副部长）	2018年3月	首尔	货物贸易、服务贸易、投资
第十四轮（首席代表）	2018年12月	北京	货物贸易、服务贸易、投资
第十四轮（部长/副部长）	2018年12月	北京	加速中日韩自由贸易协定谈判，根据RCEP的进展讨论了更广泛的领域
第十五轮	2019年4月	东京	就知识产权、RCEP的进展进行谈判，以达成全面、高水平和互利的协议
第十六轮	2019年11月	首尔	三方围绕货物贸易、服务贸易、投资和规则等重要议题深入交换了意见，取得积极进展

资料来源：中国外交部、日本外务省、韩国外交部。

新时期，随着逆全球化趋势蔓延及特朗普贸易保护政策的实施，中日韩FTA谈判迎来新的机遇，在此背景下，中国应抓住机遇，加快推进中日韩FTA谈判进程。

第一，管控分歧，加强政治互信，保障中日韩FTA谈判进程顺利进行。纵然三国之间的一些历史性问题一时难以解决，但三国合作成果今非昔比、潜力巨大，更高水平的政治互信将成就三国合作共赢的未来。在日韩贸易摩擦不断发酵、日韩关系恶化的情形下，中国应主动充当两者之间协调者的角色，加强与日韩沟通。同时，在中日关系上，中国应以东京奥运会（因新冠肺炎影响，由2020年延至2021年）为契机，加强首脑外交作用，增进两国友好关系。在中韩关系上，中国要借助中韩FTA合作，深化两国各领域务实交流合作，更好造福两国人民。

第二，中国应扩大市场开放程度，积极应对日韩在规则领域的诉求。党的十八大以来，中国已明确“加快构建开放型经济体制”，自由贸易区战略是其集中体现，而“高标准的贸易规则”是中国未来进入全球自由贸易区网络的前提。因此，为了中国对外开放合作能够走得更深更远，面对日韩在规则领域的诉求，如限制盗版行为、保护知识产权等方面，中国应着眼于长期发展利益，积极应对。

（2）“中日韩+X”合作

2018年5月，第7次中日韩领导人会议上，三国领导人重申将进一步深化和拓展在本地区的合作，一致同意开展“中日韩+X”合作，带动本地区可持续发展。2019年8月，第九次中日韩外长会上，三国通过了“中日韩+X”合作概念文件，将在协商一致基础上探讨同其他国家开展互利合作的事宜，促进共同发展。

中日韩发展走在亚洲前列，应集聚三方优势，开拓合作新领域，寻求第四方市场合作，提高各方对中日韩FTA的收益预期。在现有合作基础上，三方通过“中日韩+X”模式，可以在可持续经济、生态环保、减灾、卫生、减贫、人文交流六大领域开展合作，发挥三方在装备、技术、资金、工程建设等方面的各自优势，共同开拓第四方市场，打造出“产业+技术+资本+市场”的合作新模式，推动三国合作提质升级。

（3）RCEP区域合作机制

RCEP是由东盟十国加上澳大利亚、印度、新西兰、中国、日本、韩国组成，若签署成功，将成为全球最大的区域贸易协定。届时将会在东亚地区出现一个约涵盖世界一半人口、1/3GDP的自由贸易区，这不仅会对东亚地区的区域经济一体化的发展产生重大影响，也会对世界经济秩序的重塑有重要意义。RCEP谈判于2012年正式启动，但由于东盟一些贸易伙伴之间存在分歧，谈判进展缓慢。在逆全球化及美国贸易保护主义背景下，RCEP谈判于2017年以来全面提速。目前，RCEP谈判已进行了27轮，进入冲刺阶段，在市场准入方面，超过2/3的双边市场准入谈判已结束，剩余谈判内容也在积极推进；在规则谈判方面，新完成金融服务、电信服务、专业服务三项内容，各方已就80%以上的协定文本达成一致，余下规则谈判已接近尾声。

（4）东盟“10+3”区域合作机制

在20世纪90年代末东南亚金融危机的影响下，东亚各国深刻认识到经济全球化环境中协调与合作的必要性。马来西亚总统马哈蒂尔于1990年率先提出的“东亚经济集团”设想，后改称“东亚经济论坛”，是东盟十国与中、日、韩（10+3）合作框架建立的开始。以此为契机，东北亚三国（中、日、韩）首次被纳入到同一合作框架之内。1999年11月于菲律宾首都马尼拉举行的“10+3”领导人会议标志着“10+3”框架从非制度化的功能性合作到制度化建设的转变。会议就推动东亚地区合作的原则、方向、重点领域等发表了《东亚合作联合声明》。值得注意的是，会议期间，日本方面提议以早餐会形式进行中、日、韩三国首脑会晤，此后发展为正式的年度会晤机制。中、日、韩三国首脑借会议进行多次交流并于2002年12月提出建立自由贸易区的构想，促进了东北亚区域合作框架的形成，同时使中、日、韩三国成为东北亚区域合作的领导核心。

第2章

区域价值链视角下的东北亚贸易与投资合作机制

东北亚各国地理位置相近，自然资源和经济发展互补性强，具有巨大的经济合作发展潜力。然而，受地缘政治、历史及文化认同等因素的影响，该区域的经济一体化发展进程始终相对缓慢。该区域长期缺乏一个持续稳定、多元参与、行之有效的区域合作机制，阻碍了区域间贸易投资的进一步合作往来。当前，推进全球多边贸易体制的进程停滞不前，国际经贸新规则的主导权竞争日趋激烈，全球治理的碎片化和区域化已经成为新时期全球经济治理的新常态。可以预见，经济一体化将成为提高区域经济国际话语权的关键。因此，包括中国在内的东北亚区域，作为全球人口规模和经济体量均位居前列的关键区域，应充分发挥各国间的经济互补性作用，挖掘提升各国间贸易投资潜力，促进区域价值链的深入融合，这既符合东北亚区域的整体利益，也有利于本地区的繁荣与发展。

2.1 东北亚贸易与投资合作的现状

2.1.1 中国与东北亚国家间的贸易合作

（1）东北亚五国的进出口贸易额分析

东北亚五国包含中国（CHN）、日本（JAN）、韩国（KOR）、俄罗斯（RUS）和蒙古国（MNG）。图2-1展示了东北亚五国2000—2018年间进出口贸易额的动态变化过程。从中可以看出，东北亚五国的进出口贸易总额由2000年的1.80万亿美元上升到2018年的7.95万亿美元。其中，随着中国加入世界贸易组织（WTO）后对外贸易的迅猛发展，中国在东北亚五国进出口贸易额中的比重迅速攀升。

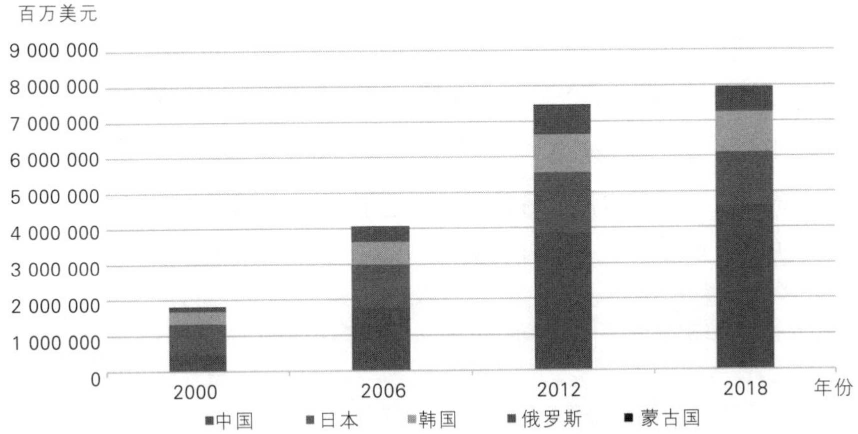

图2-1 东北亚五国进出口贸易额的动态演变图

数据来源：作者根据Uncomtrade和WTO数据库的相关数据计算绘制。

由表2-1可知，东北亚五国贸易总额占世界贸易总额的比重已经由

2000年的29.0%下降到2018年的20.2%，虽然占比在下降，但是仍然占据了全球贸易总额的1/5。由此可见，积极推动东北亚区域贸易合作的深化发展，不仅有利于本区域国家的经济发展，更会对全球贸易格局带来深远影响。

表2-1　　东北亚五国贸易总额占世界总额比重变动情况表　　金额单位：万亿美元

年份	2000	2018
五国	1.80	7.95
全球	6.20	39.34
占比（%）	29.0	20.2

数据来源：作者根据Uncomtrade和WTO数据库的相关数据计算绘制。

（2）中国与东北亚国家贸易合作分析

根据中国商务部的统计，2018年中国与日本、韩国、俄罗斯和蒙古国的贸易总额已经超过了7 500亿美元，接近中国当年对外贸易总额的1/4。

与此同时，中国分别是日本、韩国、俄罗斯和蒙古国最大的贸易伙伴国。而日本则是中国的第二大贸易伙伴国，韩国是中国的第三大贸易伙伴国，中日贸易总额与中韩贸易总额均超过了3 000亿美元。此外，中俄贸易总额达到了1 000亿美元，中蒙贸易总额也接近80亿美元。

2.1.2　中国与东北亚国家间的对外直接投资

（1）区域总体情况

从中国对东北亚其他四国直接投资的情况来看（如表2-2、表2-3所示），尽管对外直接投资的流量和存量总体上仍然保持递增的趋势，但是在占比上，东北亚四国在中国对外直接投资流量的比重已经由2003年的6.88%下降到2017年的1.66%。

表2-2　　中国对东北亚国家直接投资流量占比情况表　金额单位：万美元

年份	2003	2005	2007	2009	2011	2013	2015	2017
四国	19 634	86 166	76 958	97 398	165 799	211 384	450 264	262 538
全球	285 465	1 226 117	2 650 609	5 652 899	7 465 404	10 784 371	14 566 715	15 828 830
占比（%）	6.88	7.03	2.90	1.72	2.22	1.96	3.09	1.66

数据来源：作者根据《中国对外直接投资统计公报》相关数据整理。

表2-3　　中国对东北亚国家直接投资存量占比情况表　金额单位：万美元

年份	2003	2005	2007	2009	2011	2013	2015	2017
四国	39 975	162 912	378 609	537 269	859 916	1 479 689	2 451 593	2 667 521
全球	3 322 222	5 720 562	11 791 050	24 575 738	42 478 067	66 047 840	109 786 459	180 903 652
占比（%）	1.20	2.85	3.21	2.19	2.02	2.24	2.23	1.47

数据来源：作者根据《中国对外直接投资统计公报》相关数据整理。

（2）分国别情况

在东北亚国家中，俄罗斯是中国对外直接投资最重要的目的地之一。如表2-4所示，截至2017年末，中国对俄罗斯直接投资存量达到1 387 160万美元，已经超过了对日本、韩国和蒙古国三国直接投资存量之和（1 280 361万美元）。

表2-4　　中国对东北亚国家直接投资存量表　金额单位：万美元

年份	日本	韩国	蒙古国	俄罗斯
2003	8 931	23 538	1 342	6 164
2004	13 949	56 192	7 595	12 348
2005	15 070	88 222	13 063	46 557
2006	22 398	94 924	31 467	92 976
2007	55 827	121 414	59 217	142 151
2008	50 969	85 034	89 556	183 828
2009	69 286	121 780	124 166	222 037
2010	110 563	63 725	143 552	278 756
2011	136 622	158 268	188 662	376 364
2012	161 991	308 190	295 403	488 849
2013	189 824	196 308	335 396	758 161
2014	254 703	277 157	376 246	869 463
2015	303 820	369 804	376 006	1 401 963
2016	318 401	423 724	383 859	1 297 951
2017	319 734	598 347	362 280	1 387 160

数据来源：作者根据《中国对外直接投资统计公报》相关数据整理。

与此同时，也只有俄罗斯是中国对外直接投资全球前二十的国家（或地区）。其中，在对外直接投资的流量方面，俄罗斯位列第十二位，约占总额的1.0%；在对外直接投资的存量方面，俄罗斯位列第十位，约占总额的0.8%。

在增速上，如表2-5所示，得益于“一带一路”倡议的顺利推进，中国对俄罗斯和蒙古国的直接投资总体上呈现出快速增长的态势；而由于中日、中韩之间政治关系的变化，中国对日本和韩国的直接投资呈现出较大的波动性。

表2-5 中国对东北亚国家直接投资流量表 单位：万美元

年份	日本	韩国	蒙古国	俄罗斯
2003	737	15 392	443	3 062
2004	1 530	4 023	4 016	7 731
2005	1 717	58 882	5 234	20 333
2006	3 949	2 732	8 239	45 211
2007	3 903	5 667	19 627	47 761
2008	5 862	9 691	23 861	39 523
2009	8 410	26 512	27 654	34 822
2010	33 799	-72 168	19 386	56 772
2011	14 942	34 172	45 104	71 581
2012	21 065	94 240	90 403	78 462
2013	43 405	26 875	38 879	102 225
2014	39 445	54 887	50 261	63 356
2015	24 042	132 455	-2 319	296 086
2016	34 401	114 837	7 912	129 307
2017	44 405	66 080	-2 789	154 842

数据来源：作者根据《中国对外直接投资统计公报》相关数据整理。

2.1.3 中国与东北亚国家间的外商直接投资

（1）区域总体情况

总体上来看，如表2-6所示，东北亚国家对中国直接投资的实际发生额呈下降趋势，占比由2003年的17.94%锐减为2017年的5.11%。与东盟十国相比，如表2-7所示，两者已经相差无几。

表 2-6　　东北亚国家对中国直接投资实际发生额占比情况表　金额单位：万美元

年份	2003	2005	2007	2009	2011	2013	2015	2017
四国	959 721	1 178 144	732 054	683 912	891 172	1 013 653	724 209	696 045
全球	5 350 467	7 240 569	8 352 089	9 406 467	12 398 500	12 391 120	13 557 660	13 631 513
占比（%）	17.94	16.27	8.76	7.27	7.19	8.18	5.34	5.11

数据来源：作者根据《中国外商投资报告》和《中国对外直接投资统计公报》相关数据整理。

表 2-7　　东盟十国对中国直接投资实际发生额占比情况表　金额单位：万美元

年份	2003	2005	2007	2009	2011	2013	2015	2017
东盟	292 543	310 543	439 124	467 820	700 478	834 734	765 772	508 436
全球	5 350 467	7 240 569	8352 089	9 406 467	12 398 500	12 391 120	13 557 660	13 631 513
占比（%）	5.47	4.29	5.26	4.97	5.65	6.74	5.65	3.73

数据来源：作者根据《中国外商投资报告》和《中国对外直接投资统计公报》相关数据整理。

（2）分国别情况

从国别角度出发，在东北亚国家中，日本和韩国是中国外商直接投资最重要的来源地。如表 2-8 所示，截至 2017 年末，在对中国投资前十五位的国家（或地区）中，日本位列第三位，共设立企业数 51 006 家，约占总额的 5.7%，对中国累计实际投入外资金额达 1 081.8 亿美元，[①]约占总额的 5.4%；韩国位列第六位，共设立企业数 63 385 家，约占总额的 7.0%，对中国累计实际投入外资金额达 723.7 亿美元，约占总额的 3.6%。

① 因为中国对外直接投资的统计办法是从 2003 年开始的，所以前文的对外直接投资部分年份选取从 2003 年开始。在外商投资部分，为了使前后文一致，年份选取也从 2003 年开始，但是，综述部分截至 2017 年的累计外商投资额并非是 2003—2017 年的加总，而是自改革开放以来的历年加总，所以出现了表 2-8 加总后数据小于文字部分。核对数据，与商务部发布的《中国外商投资公报 2017》一致，但因该公报也只提供了当年度的累计值和部分年份的流量值，因此，无法提供历年的累计额数据。

表2-8　东北亚国家对中国直接投资实际发生额　单位：万美元

年份	日本	韩国	蒙古国	俄罗斯
2003	505 419	448 854	18	5 430
2004	545 157	624 786	15	12 638
2005	652 977	516 834	134	8 199
2006	459 806	389 487	322	6 720
2007	358 922	367 831	94	5 207
2008	365 235	313 532	141	5 997
2009	410 497	270 007	231	3 177
2010	408 372	269 217	325	3 497
2011	632 963	255 107	0	3 102
2012	735 156	303 800	25	2 992
2013	705 817	305 421	207	2 208
2014	432 530	396 564	16	4 088
2015	319 496	403 401	0	1 312
2016	309 585	475 112	0	7 343
2017	326 100	367 253	308	2 384

数据来源：作者根据《中国外商投资报告》和《中国对外直接投资统计公报》相关数据整理。

2.1.4　东北亚国家贸易投资便利化情况

目前，国内外学者对于贸易投资便利化的界定尚未达成统一。多数研究对“贸易便利化”与“投资便利化”进行了区分：亚太经合组织（APEC）在《贸易便利化行动计划》清单中认为，贸易便利化是一国对海关及对应的行政程序的简化与规范，从而提高通关效率、减少通关成本，因此将贸易便利化措施分为四类，即海关程序、标准和一致化、商务流动以及电子商务；Wilson、Mann和Otsuki等人（2003）用港口效率、海关环境、规制环境以及电子商务四大指标来构建贸易便利化指标体系；经济合作与发展组织（OECD）认为，投资便利化是为投资者营造便捷、高效、优质的投资环境；APEC认为：投资便利化是政府以吸引外商直接投资为目的推行的一系列关于市场准入、投资者保护、争端解决机制等内容的配套措施。

尽管两者一个以促进贸易为出发点，一个以吸引投资为出发点，但是随着国际社会对于贸易和投资便利化议题的深入探讨，两者的内涵均从传统的“跨边境措施”拓展到“边境后措施”，涉及金融市场、基础设施、营商环境、政府规制等多方面新议题。因此，借鉴相关学者的研究，我们将构建一个统一的“贸易投资便利化评价指标体系”，以全面衡量一国在对内对外经济活动中保证贸易自由、投资公平的系列措施和程序。

（1）贸易投资便利化的指标体系构建

参考相关学者较为经典的评价体系，并基于贸易投资便利化的内涵，从基础设施质量、海关环境质量、政府规制质量、金融市场质量、营商环境质量以及市场准入质量等六个方面，构建了贸易投资便利化评价指标体系。具体评价指标如表2-9所示。

表2-9　　　　贸易投资便利化评价指标体系

一级指标	二级指标		指标含义	取值范围	数据来源
A. 基础 设施 质量	A1	公路基础设施质量	衡量东道国运输设施基础	1～7	GCI
	A2	铁路基础设施质量		1～7	GCI
	A3	港口基础设施质量		1～7	GCI
	A4	航空基础设施质量		1～7	GCI
	A5	电力资源供应质量	衡量东道国能源设施基础	1～7	GCI
	A6	移动电话使用人数	衡量东道国通信设施基础	N	GCI
	A7	互联网使用人数		N	GCI
B. 海关 环境 质量	B1	海关程序负担	衡量东道国海关便利环境	1～7	GCI
	B2	贸易壁垒盛行度		1～7	GCI
	B3	非常规支付和贿赂		1～7	GCI
	B4	腐败感知指数		0-100	TI
	B5	贸易自由度		0-100	HF
	B6	清关程序效率		1～5	WB
C. 政府 规制 质量	C1	政府决策的透明度	衡量东道国政府规制行为	1～7	GCI
	C2	政府解决争端效率		1～7	GCI
	C3	法规执行可靠性		1～7	GCI
	C4	政府管制负担		1～7	GCI
	C5	司法独立性		1～7	GCI

续表

一级指标	二级指标		指标含义	取值范围	数据来源
D. 金融 市场 质量	D1	本地资本融资能力	衡量东道国金融环境	1～7	GCI
	D2	信贷可得性		1～7	GCI
	D3	风险资本可得性		1～7	GCI
	D4	银行稳健性		1～7	GCI
	D5	证券交易所监管		1～7	GCI
	D6	金融自由度		0-100	HF
	D7	新技术可得性	衡量东道国技术发展	1～7	GCI
	D8	企业技术吸收能力		1～7	GCI
E. 营商 环境 质量	E1	知识产权保护	衡量东道国投资环境	1～7	GCI
	E2	审计/报告准则强度		1～7	GCI
	E3	小股东利益保护		1～7	GCI
	E4	投资者保护强度		1～10	GCI
	E5	工资弹性程度	衡量东道国劳工环境	1～7	GCI
	E6	劳工雇用灵活性		1～7	GCI
	E7	本地供应商数量	衡量东道国市场活力	1～7	GCI
	E8	本地供应商质量		1～7	GCI
	E9	建企成本：程序	衡量东道国建企成本	N	GCI
	E10	建企成本：时间		N	GCI
F. 市场 准入 质量	F1	外国所有权盛行程度	衡量东道国外商投资质量	1～7	GCI
	F2	FDI规则对企业的影响		1～7	GCI
	F3	FDI与技术转让		1～7	GCI
	F4	国外市场规模		1～7	GCI
	F5	投资自由度		0-100	HF

数据来源：作者根据相关资料整理，取值范围“N”表示该二级指标数值取实际值。

（2）数据来源

贸易投资便利化指标的所有数据均选取于世界经济论坛（World Economic Forum，简称WEF）发布的全球竞争力报告（Global Competitiveness Report，以下简称GCR）、透明国际（Transparency International，以下简称TI）发布的全球清廉指数（Corruption Perceptions Index，以下简称CPI）、美国遗产基金会（Heritage Foundation，以下简称HF）发布的经济自由度指数（Index of Economic Freedom，以下简称IEF）以及世界银行（World Bank，以下简称WB）等相关数据库。鉴于相关数据的可获得性以及指标选取的一致性，样本期为2007—2017年。

GCR——世界经济论坛发布的最具权威的全球竞争力分析报告，每年发布一次，提供了世界144个经济体竞争力的整体表现，从规制、基础设施、宏观环境等多个指标综合评定了某一经济体的综合竞争力，这里选取了其中与贸易便利化相关的部分指标。CPI指数由世界著名非政府组织透明国际发布，每年一次，反映的是全球各国商人、学者及风险分析人员对世界各国腐败状况的观察和感受。该指数是根据人们对各国公务员和政治家清廉的感受程度所做的一个排行列表，属于一种民意测验，以独立的、有公信力的机构针对专家和商界所做的民意调查为基础，从中收集跟腐败有关的数据，是一种复合指数。

需要特别指出的是，除E9和E10两个二级指标外，其他二级指标属性均为正向指标，其含义是：指标取值越大，贸易投资便利化程度越高。针对E9和E10两个负向指标，采用取倒数的方法实现正向化。

此外，针对个别二级指标数据缺失的问题，本书综合采用了插值法、线性估值法以及三年移动平均法进行填补处理。

（3）贸易投资便利化程度的测算结果

①区域整体情况

从表2-10可以看出，东北亚五国贸易投资便利化均值在［0.681，0.733］的区间内浮动，在2008年金融危机之后曾有小幅度的下降。总体而言，东北亚五国的贸易投资便利化程度相对较高，贸易投资环境较好。

表2-10　　东北亚五国贸易投资便利化程度：区域整体均值

年份	2007	2008	2009	2010	2011	2012	2013	2014	2015	2016	2017
均值	0.700	0.703	0.691	0.681	0.683	0.687	0.693	0.707	0.717	0.730	0.733

数据来源：作者根据前文所列公式测算。

②分国别的情况

相关学者的评价标准为：非常便利（0.8~1.0）、比较便利（0.7~0.8）、一般便利（0.6~0.7）、不便利（<0.6）。贸易投资便利化程度按国别的测算结果如表2-11所示，在东北亚五国中，贸易投资便利化程度由高到低依次为：日本>韩国>中国>蒙古国>俄罗斯。从均值来看，日本和韩国属于非常便利，中国和蒙古国属于一般便利，而俄罗斯属于不便利。

表2-11　东北亚五国贸易投资便利化程度：按国别测算

年份	日本	韩国	中国	蒙古国	俄罗斯
2007	0.876	0.852	0.638	0.589	0.545
2008	0.869	0.844	0.672	0.588	0.545
2009	0.852	0.788	0.684	0.598	0.533
2010	0.849	0.768	0.679	0.583	0.524
2011	0.853	0.761	0.684	0.602	0.518
2012	0.842	0.784	0.669	0.622	0.515
2013	0.860	0.774	0.671	0.618	0.542
2014	0.887	0.774	0.676	0.628	0.569
2015	0.896	0.808	0.665	0.636	0.581
2016	0.906	0.827	0.686	0.639	0.593
2017	0.905	0.835	0.684	0.626	0.613
均值	0.872	0.801	0.673	0.612	0.553
便利度	非常便利	非常便利	一般便利	一般便利	不便利

数据来源：作者根据前文所列公式测算。

③分指标的情况

表2-12至表2-17分别列示了东北亚五国在基础设施质量、海关环境质量、政府规制质量、金融市场质量、营商环境质量以及市场准入质量六个方面的指标得分。总体而言，与贸易投资便利化的一级指标变化特征一致。

表 2-12　　东北亚五国贸易投资便利化程度：基础设施

年份	日本	韩国	中国	蒙古国	俄罗斯
2007	0.089	0.087	0.058	0.034	0.044
2008	0.088	0.089	0.061	0.031	0.044
2009	0.087	0.089	0.063	0.031	0.038
2010	0.088	0.090	0.065	0.029	0.038
2011	0.089	0.089	0.068	0.029	0.037
2012	0.087	0.088	0.066	0.031	0.037
2013	0.087	0.086	0.066	0.029	0.038
2014	0.089	0.083	0.068	0.028	0.047
2015	0.090	0.083	0.069	0.033	0.049
2016	0.091	0.085	0.070	0.033	0.051
2017	0.090	0.087	0.068	0.034	0.053
均值	0.089	0.087	0.066	0.031	0.043

数据来源：作者根据前文所列公式测算。

表 2-13　　东北亚五国贸易投资便利化程度：海关环境

年份	日本	韩国	中国	蒙古国	俄罗斯
2007	0.184	0.172	0.144	0.118	0.112
2008	0.181	0.167	0.149	0.119	0.105
2009	0.183	0.161	0.150	0.124	0.109
2010	0.186	0.157	0.151	0.115	0.113
2011	0.185	0.155	0.150	0.125	0.112
2012	0.180	0.158	0.147	0.130	0.114
2013	0.182	0.158	0.149	0.131	0.123
2014	0.185	0.158	0.149	0.134	0.127
2015	0.184	0.160	0.147	0.138	0.127
2016	0.184	0.159	0.152	0.133	0.127
2017	0.186	0.164	0.157	0.132	0.131
均值	0.184	0.161	0.150	0.127	0.118

数据来源：作者根据前文所列公式测算。

表 2-14　　东北亚五国贸易投资便利化程度：政府规制

年份	日本	韩国	中国	蒙古国	俄罗斯
2007	0.130	0.124	0.094	0.067	0.069
2008	0.130	0.115	0.103	0.066	0.073
2009	0.123	0.096	0.106	0.072	0.071
2010	0.120	0.094	0.106	0.076	0.070
2011	0.121	0.092	0.106	0.077	0.067
2012	0.119	0.095	0.105	0.083	0.069
2013	0.123	0.094	0.106	0.081	0.074
2014	0.129	0.092	0.103	0.081	0.078
2015	0.131	0.095	0.102	0.086	0.078
2016	0.131	0.100	0.108	0.089	0.084
2017	0.130	0.100	0.109	0.086	0.089
均值	0.126	0.100	0.104	0.079	0.075

数据来源：作者根据前文所列公式测算。

表 2-15　　东北亚五国贸易投资便利化程度：金融市场

年份	日本	韩国	中国	蒙古国	俄罗斯
2007	0.166	0.165	0.116	0.116	0.116
2008	0.162	0.168	0.121	0.124	0.118
2009	0.157	0.155	0.123	0.120	0.111
2010	0.155	0.154	0.124	0.115	0.108
2011	0.158	0.153	0.126	0.118	0.109
2012	0.157	0.152	0.123	0.121	0.106
2013	0.158	0.148	0.124	0.119	0.106
2014	0.162	0.150	0.125	0.120	0.110
2015	0.164	0.153	0.124	0.120	0.110
2016	0.171	0.158	0.128	0.122	0.110
2017	0.170	0.154	0.123	0.120	0.110
均值	0.162	0.155	0.123	0.120	0.110

数据来源：作者根据前文所列公式测算。

表2-16　　东北亚五国贸易投资便利化程度：营商环境

年份	日本	韩国	中国	蒙古国	俄罗斯
2007	0.174	0.155	0.121	0.117	0.118
2008	0.175	0.154	0.130	0.118	0.116
2009	0.174	0.147	0.133	0.125	0.114
2010	0.174	0.145	0.133	0.125	0.113
2011	0.175	0.143	0.132	0.125	0.112
2012	0.173	0.160	0.128	0.126	0.110
2013	0.177	0.160	0.126	0.131	0.119
2014	0.182	0.164	0.126	0.138	0.125
2015	0.185	0.191	0.124	0.141	0.136
2016	0.184	0.196	0.126	0.155	0.142
2017	0.180	0.205	0.129	0.150	0.146
均值	0.178	0.165	0.128	0.132	0.123

数据来源：作者根据前文所列公式测算。

表2-17　　东北亚五国贸易投资便利化程度：市场准入

年份	日本	韩国	中国	蒙古国	俄罗斯
2007	0.134	0.149	0.106	0.137	0.086
2008	0.132	0.151	0.108	0.130	0.090
2009	0.127	0.141	0.109	0.127	0.090
2010	0.126	0.128	0.100	0.124	0.083
2011	0.126	0.129	0.103	0.128	0.081
2012	0.126	0.131	0.100	0.131	0.079
2013	0.133	0.128	0.100	0.126	0.081
2014	0.140	0.127	0.105	0.126	0.081
2015	0.142	0.127	0.098	0.118	0.081
2016	0.145	0.129	0.102	0.106	0.079
2017	0.148	0.126	0.097	0.104	0.084
均值	0.134	0.133	0.103	0.123	0.083

数据来源：作者根据前文所列公式测算。

2.2　东北亚价值链分工的现状分析

2.2.1　全球价值链分工地位与参与度

（1）全球价值链（GVC）相关指数

Koopman等（2012）基于国家间投入产出表，将垂直专业化和增加值贸易整合到一个框架下，提出了分离后的投入产出系数矩阵，将一国出口划分成五部分：被国外吸收的国内增加值、返回国内的国内增加值、本国出口中的国外增加值、国内和国外重复计算部分，并开创性地提出了全球价值链地位指数（$GVC\_position$）和全球价值链参与度指数（$GVC\_participation$）的量化方法，即KWW法。王直等人（2015）在KWW法的基础上，进一步将总贸易核算方法细分至双边、双边部门和行业层面，根据产品增加值的来源地、目的地和吸收渠道的不同，将一国或部门的总出口划分为十六个部分，构建了新的总贸易核算方法，即为WWZ方法，并依据新的贸易分解方法完善了$GVC_position$和$GVC_participation$的核算公式，该方法大大提高了贸易增加值核算的精度和准度。

Koopman等认为，将一国出口产品中使用的国内中间品份额与国外中间品份额比较，可以衡量一国在全球价值链中的地位。如果一国处在全球价值链的上游，则该国总出口中国内增加值的间接增加值占总出口的份额大于总出口中国外中间品占总出口的份额。反之，则是相反的结论。故Koopman等依据该思想，构建了全球价值链地位指数，如下所示：

$$GVC\_Position_{it} = \ln\left(1 + DVX_{it}/EX_{it}\right) - \ln\left(1 + FVA_{it}/EX_{it}\right) \tag{2.1}$$

$$GVC\_Participation_{it} = DVX_{it}/EX_{it} + FVA_{it}/EX_{it} \tag{2.2}$$

$$GVC\_Participation_{it}^{Forward} = DVX_{it}/EX_{it} \tag{2.3}$$

$$GVC\_Participation_{it}^{Backward} = FVA_{it}/EX_{it} \tag{2.4}$$

其中，*DVX*表示国内间接增加值，*FVA*表示国外增加值，*EX*表示一国的出口总值。同时，*DVX/EX*被称为前向联系参与度，*FVA/EX*是后向联系参与度。若*GVC_position*值为正，则表示一国（或部门）前向参与大于后向参与，在全球贸易中提供了较多的国内增加值；若*GVC_position*值为负，则表示该国（或部门）主要依托后向联系嵌入到全球价值链。*GVC_position*值越大，表示全球价值链地位越高。

（2）全球价值链相关指数的测算结果

依据前文公式，可以分别计算出东北亚国家的GVC地位指数和参与度指数，具体如图2-2所示。

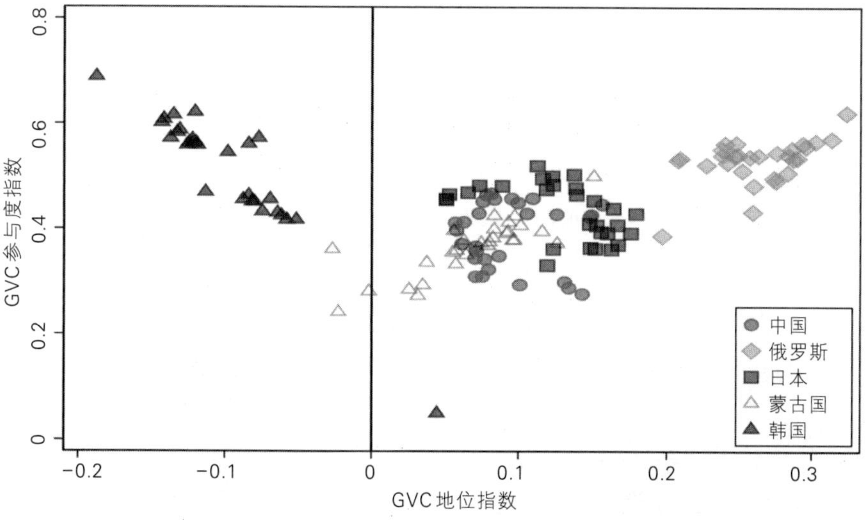

图2-2　东北亚五国全球价值链分工地位与参与度的动态演化趋势（1990—2018年）

数据来源：作者根据UNCTAD-Eora GVC Database整理。其中，2016—2018年的数据是Eora基于IMF《世界经济展望》的估算值。

由图2-2可以看出，东北亚五国中，韩国的GVC地位指数最小并且为负值，与此同时韩国的GVC参与度指数相对较大。其原因在于韩国的总出口中来自国外中间品的增加值较高，并且超过了本国的间接增加值，从而使得两者之差为负，而两者之和较大。这表明了韩国作为一个贸易投资开放度较高的国家，主要通过后向联系的方式嵌入到全球价值链的分工之中。

相反地，俄罗斯的GVC地位指数最大，而俄罗斯的总出口中来自国外中间品的增加值部分占比相对较低，本国的间接增加值偏大，从而使得两者之差为正，而两者之和较大。这表明了俄罗斯作为一个制造业和服务业开放程度相对落后的国家，主要通过前向联系的方式嵌入到全球价值链的分工之中。

对比中国和日本两国的曲线可以发现，中国呈现“左凸”的特征，而日本呈现“右凸”的特征，鲜明地刻画了中、日两国在全球价值链中地位的动态演变过程，即中国的“左凸”映射出中国的GVC地位指数和GVC参与度指数的动态演化趋势为“由小到大”；而日本的“右凸”映射出日本的GVC地位指数的动态演化趋势为“由大到小”，GVC参与度指数的动态演化趋势为“由小到大”。这表明，伴随着前向参与度的提高，中国嵌入全球价值链中的位置在逐渐上移，而与之相对，日本的全球价值链地位在缓慢下降。中日两国在国际分工格局中的竞争日趋激烈。表2-18说明了东北亚五国的国外中间品增加值。表2-19说明了东北亚五国的国内增加值。

表2-18　东北亚五国的国外中间品增加值　单位：千美元

年份＼国家	中国	日本	韩国	俄罗斯	蒙古国
2000	4 909	5 218	4 823	707	7
2001	4 688	5 246	4 109	738	6
2002	5 270	5 618	4 660	782	7
2003	7 675	6 819	7 984	950	9
2004	10 625	8 746	9 246	1 241	12
2005	12 794	10 534	11 041	1 435	13
2006	16 419	12 846	11 041	1 789	16
2007	21 436	14 932	13832	2 256	21
2008	24 264	17 968	18 006	2 962	25
2009	17 380	11 296	14 029	2 256	19
2010	27 431	15 951	19 480	2 895	31
2011	33 994	19 274	23 840	3 498	48
2012	32 832	18 649	23 138	3 356	44
2013	32 084	20 061	22 877	3 555	43
2014	33 233	20 863	23 796	3 658	45

续表

年份＼国家	中国	日本	韩国	俄罗斯	蒙古国
2015	27 306	19 237	22 053	3 157	39
2016	25 568	20 182	22 659	3 358	42
2017	26 875	21 220	22 999	3 419	43
2018	27 748	21 853	23 764	3 499	36

数据来源：作者根据UNCTAD-Eora GVC Database整理。其中，2016—2018年的数据是Eora基于IMF《世界经济展望》的估算值。

表2-19　　东北亚五国的国内增加值　　单位：千美元

年份＼国家	中国	日本	韩国	俄罗斯	蒙古国
2000	27 298	43 513	9 729	4 779	32
2001	28 021	40 040	8 953	5 415	28
2002	30 756	40 664	99 39	5 492	30
2003	37 365	47 759	13 564	6 862	35
2004	48 967	54 102	16 811	9 606	43
2005	59 580	57 830	18 062	11 823	54
2006	76 579	61 840	19 543	14 879	73
2007	94 198	67 116	25 234	18 912	88
2008	114 680	75 825	25 854	25 744	104
2009	96 293	62 460	22 317	19 985	85
2010	120 488	82 643	29 113	26 254	165
2011	148 212	90 498	34 863	30 459	191
2012	148 767	90 739	34 987	30 055	189
2013	159 946	83 723	36 906	32 352	202
2014	172 837	82 667	39 422	36 111	221
2015	170 813	77 601	38 317	32 359	223
2016	174 709	77 797	39 019	32 200	235
2017	182 804	82 187	39 716	33 784	241
2018	187 789	84 073	4 1022	35 049	204

数据来源：作者根据UNCTAD-Eora GVC Database整理。其中，2016—2018年的数据是Eora基于IMF《世界经济展望》的估算值。

2.2.2　出口技术复杂度的测算与分析

（1）出口技术复杂度指数

出口技术复杂度可用来表示产品层面、产业层面或国家层面的技术水平与技术结构。本书以增加值视角测算出口技术复杂度：一是从技术维度来衡量一国或部门在全球价值链中的地位；二是以增加值测算出口技术复杂度，可弥补在全球价值链分工背景下传统统计口径的贸易出口额对出口技术复杂度指数造成的偏误。一般而言，一国或部门的技术水平越高，在出口时获得的增加值就越大，进而在全球价值链生产中占据较高的地位。

本书以 Hausmann（2007）提出的出口技术复杂度公式为理论基础，结合王直等（2015）提出的改进的显示性比较优势指数（RCA）的原理，构建了增加值的出口技术复杂度指数。具体计算公式如式（2.5）所示：

$$GVC\_prody_j = \frac{(vax\_f_i^j + rdv\_f_i^j) / \sum_i^n (vax\_f_i^j + rdv\_f_i^j)}{\sum_i^G ((vax\_f_i^j + rdv\_f_i^j) / \sum_i^n (vax\_f_i^j + rdv\_f_i^j))} Y_i \tag{2.5}$$

其中，$vax\_f_i^j + rdv\_f_i^j$ 表示 j 国 i 部门的增加值，$\sum_i^n (vax\_f_i^j + rdv\_f_i^j)$ 表示 j 国出口中国内总增加值，$\sum_i^G ((vax\_f_i^j + rdv\_f_i^j) / \sum_i^n (vax\_f_i^j + rdv\_f_i^j))$ 表示世界上所有国家的 i 部门创造的国内增加值占本国总增加值比重的加总求和。Y_i 表示 i 国的人均 GDP。GVC_prody_j 表示 j 部门的增加值出口技术复杂度。一般而言，GVC_prody_j 越大，表示 j 部门的出口技术复杂度越高，相应地在全球价值链地位就越高。

（2）出口技术复杂度的测算结果

测算结果如表 2-20 和表 2-21 所示，可以看出，在东北亚四国[①]中，各国之间制造业的出口技术复杂度差距较大，其中日本和韩国制造业出口产品的技术含量比较高，而中国和俄罗斯制造业出口产品的技术含量偏低，并且与发达国家相比存在着较大差距；与此同时，从行业异质性的角度看，制造业技术水平越高，出口技术复杂度的差距越大，即东北亚四国

---

① 此处利用 WIOD 数据库进行增加值的测算，该数据库包含了 43 个国家及地区的数据：分别是澳大利亚、奥地利、比利时、保加利亚、巴西、加拿大、瑞士、塞浦路斯、捷克共和国、德国、丹麦、西班牙、爱沙尼亚、芬兰、印度尼西亚、法国、英国、希腊、克罗地亚、匈牙利、印度、爱尔兰、意大利、日本、韩国、立陶宛、卢森堡、拉脱维亚、墨西哥、马耳他、荷兰、挪威、波兰、葡萄牙、罗马尼亚、俄罗斯、斯洛伐克、斯洛文尼亚、瑞典、土耳其、美国、中国大陆及台湾地区。因此，利用该数据库仅能测算中国、日本、韩国和俄罗斯四个东北亚国家的制造业出口技术复杂度。

在高技术制造业领域的出口技术复杂度的差距远远大于在低技术制造业领域的出口技术复杂度的差距。这一现象可以反映出，在东北亚区域中，价值链分工程度存在着明显的国别差异和行业差异。日本和韩国在全球价值链分工活动中有相对优势，特别是在技术密集型的制造业领域；而中国和俄罗斯在“低端锁定”的现实困境中长期处于全球价值链分工过程中的中下游位置，阻碍了本国制造业的高端化发展。

表2-20　　东北亚四国制造业出口技术复杂度（2000年）

行业	日本	韩国	中国	俄罗斯	技术分类[①]
食品、饮料及烟草产品制造业	306.61	114.27	44.11	21.87	低技术制造业
纺织品、服装及皮革制品制造业	194.14	557.00	104.27	6.21	低技术制造业
木材及木、草制品制造业	111.85	45.71	26.27	66.71	低技术制造业
造纸及纸制品业	604.57	312.32	29.46	136.73	低技术制造业
印制及记录媒介复制业	1 535.27	182.63	61.56	—	低技术制造业
焦炭及精炼石油产品制造业	904.45	656.54	38.11	471.62	中低技术制造业
化学原料及化学产品制造业	1 231.04	1 013.65	58.13	138.58	高技术制造业
医药制造业	192.71	50.37	11.72	—	高技术制造业
橡胶及塑料产品制造业	1 529.88	334.89	67.38	45.59	中低技术制造业
非金属矿物产品制造业	917.77	155.87	60.66	53.87	中低技术制造业
基本金属制造业	1 708.89	589.25	54.35	452.32	中低技术制造业
金属制品制造业	1 430.58	387.11	30.73	—	中低技术制造业
计算机、电子及光学产品制造业	2 495.41	1 326.23	60.31	31.09	高技术制造业
电气设备制造业	2 455.87	4 53.48	61.37	—	高技术制造业
机械及设备制造业	1 783.37	361.70	42.17	120.65	高技术制造业
汽车制造业	2 883.10	538.22	12.55	81.58	高技术制造业
其他运输设备制造业	1 154.41	817.57	25.51	—	高技术制造业
家具制造业及其他制造业	458.82	288.91	88.63	54.26	低技术制造业

数据来源：作者根据WIOD数据库相关数据计算而得，“—”表示数据缺失。

① 本书根据经济合作与发展组织（OECD）对制造业的划分方法，将18个制造业分为低技术制造业、中低技术制造业和高技术制造业。OECD在NACE1的二分位水平上根据制造业的不同技术水平对其细分行业进行分类，分别是低技术制造业、中低技术制造业、中高技术制造业和高技术制造业。本书将中高技术制造业和高技术制造业合并为高技术制造业。

此外，从时间的变化趋势上来看，东北亚各国制造业出口技术复杂度变化大致可以分为两个阶段：第一阶段为2000—2008年，各国总体保持平稳上升趋势；第二阶段为自2008年至今，由于受到金融危机的冲击，各国的出口技术复杂度均出现了不同程度的跌落，但是在2010年均已止跌回升，保持继续增长的趋势。从增速情况上看，各国金融危机前的出口技术复杂度增速要高于金融危机后，其原因可能是贸易保护主义和“逆全球化”思潮在金融危机发生后有所抬头，加之国际上经济与贸易复苏乏力，影响了各国的制造业出口贸易，使得增长势头有所放缓。

表2-21　东北亚四国制造业出口技术复杂度（2014年）

行业	日本	韩国	中国	俄罗斯	技术分类
食品、饮料及烟草产品制造业	349.83	141.39	124.53	36.91	低技术制造业
纺织品、服装及皮革制品制造业	402.16	806.59	435.49	10.63	低技术制造业
木材及木、草制品制造业	133.99	81.13	163.95	140.86	低技术制造业
造纸及纸制品业	1 096.91	440.64	119.33	324.00	低技术制造业
印制及记录媒介复制业	2 188.54	284.50	154.12	—	低技术制造业
焦炭及精炼石油产品制造业	1 853.00	1 129.65	145.47	1 302.81	中低技术制造业
化学原料及化学产品制造业	1 102.52	1 588.98	197.79	227.30	高技术制造业
医药制造业	254.06	88.16	34.02	—	高技术制造业
橡胶及塑料产品制造业	1 942.17	366.04	162.41	56.99	中低技术制造业
非金属矿物产品制造业	1 447.82	300.80	225.25	84.97	中低技术制造业
基本金属制造业	2 924.26	1 251.62	246.93	591.29	中低技术制造业
金属制品制造业	1 478.70	833.94	108.38	—	中低技术制造业
计算机、电子及光学产品制造业	2 963.55	2 522.74	348.48	60.49	高技术制造业
电气设备制造业	1 961.95	1 121.18	258.05	—	高技术制造业
机械及设备制造业	1 859.55	807.51	181.00	109.23	高技术制造业
汽车制造业	3 740.83	1091.37	77.38	56.95	高技术制造业
其他运输设备制造业	2 372.12	2 481.74	143.15	—	高技术制造业
家具制造业及其他制造业	477.09	266.63	200.19	36.74	低技术制造业

数据来源：作者根据WIOD数据库相关数据计算而得，“—”表示数据缺失。

（3）出口技术复杂度的提升：基于中国制造业细分行业的实证分析

从中国制造业出口技术复杂度来看，其变化趋势同东北亚各国的趋势大致相同：2000—2008年为第一阶段，中国制造业的出口技术复杂度呈现稳步上升趋势，其原因可能是中国于2001年加入WTO后，国内市场开放程度逐渐加深，对外贸易壁垒降低，关税税率下降，尤其是大量的外资资本注入中国制造业，带来了先进的技术以及领先的管理理念，使得制造业迅猛发展，增强了制造业的国际竞争力，进而导致这一时期的出口技术复杂度稳步升高；自2008年至今为第二阶段，2008年发生的金融危机对世界经济和贸易造成了巨大的冲击，也对中国制造业的出口产生了影响。在出口技术复杂程度上，中国高技术水平制造业的出口技术复杂度明显高于低技术水平制造业的出口技术复杂度，但是与发达国家相比较，中国制造业的出口技术复杂度还是处于劣势，这说明中国大部分制造业部门在国际分工体系中核心竞争力较弱，居于全球价值链中低端位置。

为了进一步研究制造业出口技术复杂度的提升路径，鉴于数据的可获得性和应用价值，本书以中国制造业细分行业数据为基础，实证考察了在制造业投入服务化要素对于出口技术复杂度的影响。

服务化要素的投入对出口技术复杂度与生产效率的提升有重要作用。本书认为：投入服务化要素能够通过技术溢出、投入产出关联、服务外包、规模经济等途径使企业在价值链环节增值，进而提升制造业的全球价值链地位。第一，投入服务化要素使得企业生产更加专业化。信息传递效率的提升、要素配置的优化、价值链环节的协调衔接，使各生产环节系统得以整合，达到规模经济效应。更多地投入服务化要素会使得生产环节之间的联系加强。服务业的投入特征主要以知识与人力资本为主，对于产业来说具有较高的关联性与黏合性，能够为价值链各环节提供生产所需要的服务，企业可以通过投入服务化要素为生产线各环节提供中间服务。第二，投入服务化要素使得技术溢出效应更加明显。制造业的出口附加值由于服务要素（尤其是人力资本、知识技术）的不断投入会产生显著的知识溢出，加速了从生产环节向服务环节的拓展，促使制造业产品从低技术复杂度走向高技术复杂度，摆脱由于低技术而导致的价格竞争。但是，服务创新在不同类型的行业所投资的额度差异是巨大的。制造企业在从单一的产品生产者转变成为“产品-服务”供给方的过程中，不同行业所消耗资源的差距是极大的。

此外，我国制造业各个行业的制度安排、要素禀赋等存在较大差异，导致其资本密集度、行业规模程度、国有化程度、开放程度等也不一致，对于价值链地位的提升会造成差异化的影响，故而需要从行业的角度来分析这些因素在价值链提升过程中所发挥的作用。

①模型设定

$$GVC_{it} = \alpha + \beta_1 service_{it} + \beta_2 service_{it}^2 + \gamma Z + \delta_i + \delta_t + \varepsilon_{it} \quad (2.6)$$

其中，下标i表示行业，t表示年份。GVC_{it}表示制造业行业层面的出口技术复杂度，以体现制造业全球价值链地位。$service_{it}$表示制造业投入服务化要素的程度，由于投入服务化要素所产生的影响可能是非线性的，故加入投入服务化要素的二次方项$service_{it}^2$，以检验可能存在的非线性影响。Z为与行业因素相关的控制变量，具体包括行业资本密集度（*lnkl*）、行业规模化程度（*lnrjcz*）、市场竞争程度（*complete*）、国有化程度（*state*）和行业开放度（*open*）。此外，δ_i和δ_t分别表示为行业和年份固定效应，ε_{it}为随机扰动项。

②数据说明

制造业出口技术复杂度详见公式（2.5）。

制造业投入服务化要素。本书参考了Park（1994）、黄群慧等（2014）和刘斌等（2016）的方法，具体公式如下：

$$Servitization_{ij}^{direct} = a_{ij}/Y_i \quad (2.7)$$

式（2.7）为制造业投入服务化要素的直接消耗系数，表示制造业i部门的一单位最终产品中对服务业j部门提供的产品或服务的直接消耗量。

$$Servitization_{ij}^{complete} = a_{ij} + \sum_{k=1}^{n} a_{ik}a_{kj} + \sum_{s=1}^{n}\sum_{k=1}^{n} a_{is}a_{sk}a_{kj} + \cdots \quad (2.8)$$

式（2.8）为制造业投入服务化要素的完全消耗系数，表示制造业i部门的一单位最终产品中为服务业j部门提供的产品或服务的直接消耗与间接消耗之和。其中，公式右侧第一项为直接消耗系数，从第二项开始，每一项分别代表第n－1轮间接消耗服务业j部门的数量，公式为：$\beta=(I-\alpha)^{-1}-I$。其中，α为直接消耗系数矩阵，β为完全消耗系数矩阵，I为单位矩阵。

控制变量。a.行业资本密集度：以各行业的固定资产净值与各行业规模以上工业企业平均用工人数之比来衡量；b.行业规模化程度：以各行业规模以上工业企业总资产总计与规模以上工业企业平均用工人数之比来衡量；c.市场竞争程度：以大中型企业的总资产占规模以上工业企业总资产的比值来衡量；d.国有化程度：以国有及国有控股企业的总资产占规模以上工业企业总资产的比值来衡量；e.行业开放度：以外商及港澳台企业的总资产占规模以上工业企业总资产的比值来衡量（见表2-22、表2-23）。

表2-22　　各变量的名称、符号、含义以及数据来源说明

变量类型	变量名称	符号	变量含义	数据来源
被解释变量	制造业全球价值链	*gvc*	制造业的出口技术复杂度	OECD.TIVA数据库
解释变量	制造业投入服务化要素	*service*	制造业的投入服务化要素程度	OECD.TIVA数据库
控制变量	行业资本密集度	*lnkl*	制造业细分行业的资本密集度	中国工业统计年鉴
	行业规模化程度	*rjcz*	制造业细分行业的人均产值	中国工业统计年鉴
	市场竞争程度	*complete*	制造业细分行业的垄断程度	中国工业统计年鉴
	国有化程度	*state*	制造业细分行业的国有化程度	中国工业统计年鉴
	行业开放度	*open*	制造业细分行业的开放程度	中国工业统计年鉴

表 2-23　各变量的统计描述

变量	均值	标准差	最小值	最大值
lngvc	7.148	1.016	4.983	8.987
service	0.373	0.067	0.226	0.564
lnkl	2.680	0.804	1.022	4.629
lnrjcz	3.927	0.648	2.110	5.583
complete	0.640	0.160	0.320	0.906
state	0.238	0.169	0.033	0.696
open	0.301	0.135	0.101	0.726

在实证分析之前，本书首先对各变量之间的相关性、共线性以及平稳性进行了检验。结果表明，制造业投入服务化与全球价值链之间的皮尔森（Pearson）相关系数约为0.547（*P*值为0）、斯皮尔曼（Spearman）相关系数约为0.506（*P*值为0），这说明两者具有较强的相关性；各解释变量之间的方差膨胀因子均小于10，说明不存在严重的多重共线性问题；同时，在10 %的显著性水平下拒绝“存在单位根”的原假设，说明该数据亦是平稳的。

③实证结果

表2-24为投入服务化要素对制造业全球价值链的基本回归结果。在固定行业和年份，同时没有加入控制变量的情况下，投入服务化的回归结果：一次项系数为负，二次项系数为正，表明在样本观察期内，投入服务化要素与制造业全球价值链之间存在“U”形关系，结果在表2-24（1）列和（2）列中显示。在此基础上，（3）列为有控制变量的固定效应回归，而（4）列为有控制变量的随机效应回归，得出的回归结果与没有加入控制变量的结果一致，但是显著水平明显提高。

根据回归结果来分析，加入控制变量后，投入服务化对于制造业全球价值链地位的影响表现出显著的“U”形效应，说明投入服务化要素对制造业全球价值链提升的作用存在一个临界值，当投入服务化要素程度低于该临界值时，对制造业全球价值链的提升没有促进作用；当服务化要素水平高于临界值后，其对制造业全球价值链地位的提升起到显著的促进作用。而我国的制造业投入服务化要素水平现阶段还处于“U”形曲线的下行区间，尚未超过临界值进入到上升区间。

表 2-24　　　　基本回归结果

变量	固定效应			随机效应
	（1）	（2）	（3）	（4）
制造业投入服务化要素	-1.1629*	-3.3453*	-5.5606***	-5.5626**
	（1.2969）	（2.2013）	（1.9341）	（1.8235）
制造业投入服务化要素的平方项		6.3077*	5.3110***	5.6868***
		（2.6762）	（1.7285）	（1.5053）
行业资本密集度			0.1255**	0.1174*
			（0.0450）	（0.0573）
行业规模化程度			0.2220**	0.1750*
			（0.0918）	（0.1122）
市场竞争程度			0.8102**	0.8528**
			（0.2609）	（0.2676）
国有化程度			1.2826**	1.0436*
			（0.5701）	（0.6015）
行业开放度			1.0874*	1.0646*
			（0.6953）	（0.7583）
常数项	7.3364***	7.4905***	5.9150***	6.0866***
	（0.4566）	（0.4422）	（0.6811）	（0.6638）
行业固定效应	是	是	是	否
年份固定效应	是	是	是	是
R^2	0.5286	0.2355	0.6467	0.5649
样本数	165	165	136	136

投入服务化要素之所以产生“U”形效应，可能有以下两个原因：第一，投入服务化要素对于不同类型的行业影响存在差异，并且企业进入服务领域是有投资成本的，同时有的企业在服务领域经验不足，进而导致了企业绩效的下降。只有当服务水平达到一定程度后，企业才能通过服务化要素来提高自身的技术复杂度。故而对于整个行业来说，投入服务化要素

对制造业价值链提升呈现“U”形效应。第二，由于制造业的服务化进程需要投资，前期的投资会造成统计数据上的误差，虽然服务化要素会给企业带来收益，但是数据统计上却呈现下降趋势，故而呈现“U”形效应。

控制变量的估计结果与已有研究的相关结论基本一致。行业规模越大，在分散生产、规模经济、人力、融资等方面的风险上就会存在优势，会使其在价值链提升过程中拥有更大的主动权；资本密集度对全球价值链提升会产生正向的影响，因为资本要素禀赋越丰裕的行业，其全球价值链所处位置就会越高。此外，制造业的市场竞争程度、国有化程度和对外开放程度都会影响其在全球价值链中的地位与分工。

④扩展分析

基于前面对投入服务化要素对制造业全球价值链的影响效应的初步考察，可以进一步深入研究投入服务化要素对制造业全球价值链提升的影响渠道。借鉴已有的研究成果，本书将建立中介效应模型，对可能存在的传导机制进行验证。结合前面的机制分析，选择将“技术创新”作为中介变量。

为了检验投入服务化要素是否通过“U”形非线性效应影响技术创新水平，从而对制造业全球价值链造成影响，导致投入服务化要素与制造业全球价值链之间产生非线性效应，本书采用 Edwards 和 Lambert（2007）的调节路径①分析法对影响机制进行检验。 它包含以下两个回归模型：

$$M_{it} = \alpha + \vartheta_1 service_{it} + \vartheta_2 service_{it}^2 + \gamma Z + \delta_i + \delta_t + \varepsilon_{it} \tag{2.9}$$

$$GVC_{it} = \alpha + \beta_1 service_{it} + \beta_2 service_{it}^2 + \varphi_1 M_{it} + \varphi_2 service_{it} \times M_{it} + \gamma Z + \delta_i + \delta_t + \varepsilon_{it} \tag{2.10}$$

式（2.9）可以用来检验制造业投入服务化要素对中间变量“技术创新”的非线性影响关系。式（2.10）能够全面检验制造业全球价值链与投入服务化要素一次项、二次项、中介变量以及投入服务化要素与中介变量

① 相比 Baron 和 Kenny（1986）检验中介变量的“三步骤”方法只适用于变量间线性关系的检验，Edwards 和 Lambert（2007）的方法能够更完整地揭示第三方变量在解释变量与被解释变量之间的中介效应路径。

交互项的总效应。

影响机制检验的结果如表2-25所示，表中（1）列作为中介变量时，式（2.9）的回归结果。我们可以发现，投入服务化要素的一次项对技术创新的估计系数在10%的水平下显著为负，投入服务化要素的二次项对技术创新的影响系数在10%的水平下显著为正，说明制造业投入服务化要素与技术创新之间是“U”形关系。其可能的原因在于，初期制造业服务化要素投入更多地来自国外部分，本国技术创新能力薄弱导致国内服务化要素投入较少，而随着制造业服务化要素的技术溢出效应增强，本国技术创新投入和能力显著提高，制造业服务化要素的国内投入比例显著提高。（2）列作为中介变量时，式（2.10）的回归结果。我们可以发现，制造业投入服务化要素与技术创新之间存在“U”形关系，且服务化要素项、服务化要素平方项、技术创新以及制造业服务化要素与技术创新的交互项均为显著的。上述测算结果表明，制造业投入服务化要素与技术创新之间的“U”形关系会经由技术创新的中介效应影响到制造业的全球价值链地位。

表2-25　　影响机制检验结果

变量	(1)	(2)
	技术创新	全球价值链
制造业投入服务化要素	−3.09e+07* (1.36e+07)	−7.4385* (2.0704)
制造业投入服务化要素的平方项	2.66e+07* (1.02e+07)	8.5132** (2.0988)
技术创新		0.0867* (0.0341)
制造业服务化要素与技术创新的交互项		−0.1936* (0.0814)
控制变量	是	是
行业固定效应	是	是
年份固定效应	是	是
R^2	0.2620	0.6456
样本数	134	134

⑤稳健性检验

考虑到基本回归中可能存在内生性、指标选取不当等问题，本书将采取以下方法进行稳健性检验：

第一，改变投入服务化要素的衡量指标。表2-24和表2-25是采用完全消耗系数衡量的投入服务化要素程度，包括了服务的直接消耗和全部间接消耗。由于部分服务投入与制造业的经济技术联系并不紧密，可能会夸大其对制造业全球价值链的影响，因此，本书进一步采用直接消耗系数来衡量制造业投入服务化要素的程度。表2-26的（1）列为其回归结果，可以发现符号与前面一致，表明有关内在影响机制的结论是稳健的。

第二，内生性问题的处理。本书在之前的回归中已经固定了行业和年份，能够在一定水平上缓解因遗漏变量所产生的内生性问题。但是，考虑到投入服务化要素和制造业全球价值链之间存在的双向因果关系，全球价值链地位高的制造业往往也更有意愿和能力增加投入服务化要素的程度。因此，为了克服模型的内生性问题，更加准确地估计制造业投入服务化要素对其全球价值链的影响，本书采用两阶段最小二乘估计法，将投入服务化要素的滞后一期和两期的一次项和二次项作为工具变量。为了保证工具变量的有效性，本书采用识别不足（Anderson canon. corr. LM检验）和弱工具变量检验（Cragg-Donald Wald F检验）的方法，结果发现两次检验都在1%水平上拒绝了原假设，说明工具变量的指标选取是合理的。从表2-26的（2）列和（3）列回归结果可以看出，在考虑了模型潜在的内生性估计偏误以后，前面的核心结论仍然是稳健的。

表2-26　　稳健性检验的估计结果

变量	（1）	（2）	（3）
	直接消耗系数	2SLS（滞后一期）	2SLS（滞后两期）
制造业投入服务化要素	-13.9563 （8.2812）	-5.0900*** （1.3317）	-12.2917 （7.0426）

续表

变量	(1)	(2)	(3)
	直接消耗系数	2SLS（滞后一期）	2SLS（滞后两期）
制造业投入服务化要素的平方项	61.7771 (33.7500)	4.4875** (1.6125)	5.0059 (5.4655)
行业资本密集度	0.0731 (0.0622)	0.1447*** (0.0352)	0.1536** (0.0593)
行业规模化程度	0.2823** (0.0741)	0.1139 (0.1514)	-0.1723 (0.3252)
市场竞争程度	0.6261* (0.2879)	0.9619*** (0.2588)	1.6003* (0.7910)
国有化程度	1.4308 (0.6771)	1.4103* (0.5713)	0.8149 (1.1845)
行业开放度	1.0642 (0.7107)	1.4482** (0.5532)	1.8411 (1.1324)
常数项	5.4027*** (0.7956)	5.3542*** (0.7438)	7.8588*** (2.1150)
行业固定效应	是	是	是
年份固定效应	是	是	是
R^2	0.6341	0.9925	0.9874
样本数	136	123	136

综上可以看出，①制造业投入服务化要素对制造业全球价值链地位呈“U”形影响，而中国制造业目前正处于下行区间；②制造业投入服务化要素主要是通过技术创新机制来影响制造业的出口技术复杂度，并也呈现出“U”形的影响，其主要原因可能是我国国内服务化要素投入的占比不同而导致的技术溢出效应的差异。

2.3 中韩二元边际分解

在东北亚五国中，“中日韩自由贸易协定（FTA）”谈判悬而未决，目前只有中国和韩国顺利达成了FTA协议。因此，本书在进一步研究东北亚贸易与投资合作时，将通过对中韩贸易的二元边际分解，初步考察《中韩自由贸易协定》的实际效果与作用。

2.3.1 中韩FTA发展概况

《中韩自由贸易协定》（以下简称《中韩自贸协定》或中韩FTA）于2012年5月启动谈判，2015年6月1日正式签署。《中韩自贸协定》旨在进一步扩大双边贸易投资，提升贸易便利化水平，提高双边投资的可预见性和透明度，促进中韩两国间货物、资本、人员等的自由流动，为业界创造更加便利、透明和公平的贸易、投资环境。协定生效后，为深化并全面提升中韩战略合作伙伴关系奠定了坚实的共同利益基础。《中韩自贸协定》除序言外共22个章节，包括初始条款和定义、国民待遇和货物市场准入、原产地规则和原产地实施程序、海关程序和贸易便利化、卫生与植物卫生措施、技术性贸易壁垒、贸易救济、服务贸易、金融服务、电信、自然人移动、投资、电子商务、竞争、知识产权、环境与贸易、经济合作、透明度、机构条款、争端解决、例外条款、最终条款。此外，《中韩自贸协定》还包括货物贸易关税减让表、服务贸易具体承诺表等18个附件。

2.3.2 中韩出口贸易情况

加入WTO以来，中国对韩国出口贸易大幅增加。截至2017年，中国对韩国出口额已经超过千亿美元，韩国成为中国的第三大出口贸易伙伴国。图2-3反映了2002—2017年中国对韩国出口额的变化趋势。

如图2-3所示，中国对韩国出口贸易额总体呈现稳步增长的趋势。但在2008年，由于全球金融危机，中国对韩国的出口受到了较大冲击，经过2009年的调整，中国对韩国的出口额又开始快速增长。

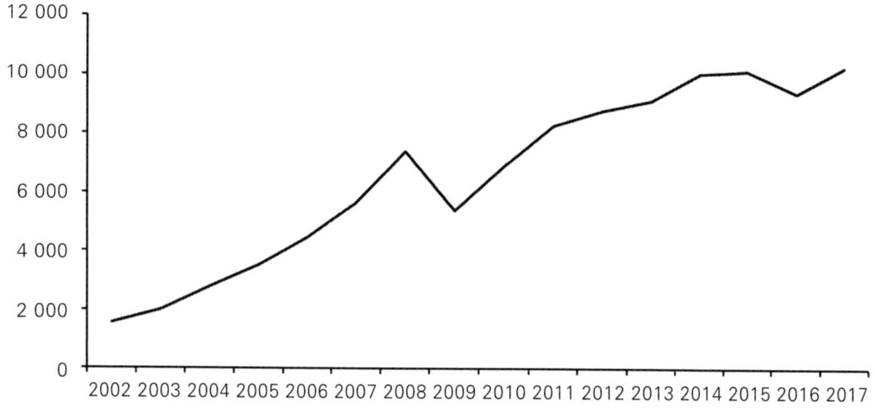

图2-3　中国对韩国年出口贸易额（单位：千万美元）

资料来源：Uncomtrade数据库。

2.3.3　中韩出口贸易的二元边际分解

企业异质性模型是二元边际分析的理论基础。该理论模型认为，一国的贸易增长主要沿着集约边际和扩展边际两方面实现的，其中集约边际是指一国出口的贸易增长主要是源于现有企业或者产品在量上的扩张；而扩展边际则是指一国出口增长主要是由于新产品或者企业的进入而实现的。现有理论对二元边际没有统一的定义，一般从三个层面加以区分，即产品层面、企业层面和国家层面。本书从联合国商品贸易数据库中选取2002—2017年中国对韩国出口的HS编码的商品数据信息，从产品层面分析中国对韩国出口贸易的二元边际。

本书采用Hummels和Klenow（2005）的二元边际分解方法，该方法对所有产品种类和出口国家赋予相同的权重，将扩展边际定义为在t时期中国出口到m国的产品种类，即在对中国对韩国出口进行二元边际分解时，将扩展边际定义为每年中国出口到韩国的产品种类。具体见式（2.11）：

$$EM_{mt}=\sum_{i\in I_{mt}}N_{mit}\ ,N_{mit}=\begin{cases}1,P_{mit}\cdot Q_{mit}>0\\0,P_{mit}\cdot Q_{mit}\leqslant 0\end{cases}\tag{2.11}$$

其中，I_{mt}表示的是在t时期由中国出口到目的国的产品种类。而集约边际是指在t时期中国出口到某个目的地的每种产品种类的平均贸易量，在这里是指每年中国出口到韩国每种产品的平均贸易量，具体见式（2.12）：

$$I_{mt} = \frac{\sum_{i \in I_{mt}} P_{mit} \cdot Q_{mit}}{EM_{mt}} \tag{2.12}$$

为了进一步分析中国对韩国的出口贸易，本书计算了中国对韩国出口贸易的二元边际，结果如表2-27所示。

表2-27　　　　中国对韩国出口贸易的二元边际分解

年份	扩展边际	集约边际	扩展边际增长率（%）	集约边际增长率（%）
2002	3 936	3 946 788.8	—	—
2003	4 022	4 996 212	2.20	26.60
2004	4 078	6 819 902	1.40	36.50
2005	4 182	8 394 972.7	2.60	23.10
2006	4 261	10 448 770	1.90	24.50
2007	4 062	13 892 668	-4.70	33.00
2008	3 983	18 561 885	-2.00	33.60
2009	3 942	13 617 422	-1.10	-27.30
2010	3 949	17 413 601	0.10	27.90
2011	3 940	21 045 763	-0.30	20.90
2012	3 935	22 280 499	-0.20	5.90
2013	3 932	23 185 389	-0.10	4.10
2014	3 974	25 247 471	1.10	8.90
2015	3 965	25 545 116	-0.30	1.20
2016	3 982	23 532 673	0.40	-8.00
2017	3 944	26 040 511	-0.90	10.70

数据来源：Uncomtrade数据库。

由表2-27可知，中国对韩国出口贸易的扩展边际没有明显变化，而集约边际则有大幅提升。其中，扩展边际从2002年的3 936增加到

2017年的3 944，扩展边际增长了约0.2 %，而集约边际从2002年的3 946 788.8增长到2017的26 040 511，集约边际增长了约559.79%。

因此，中国对韩国的出口贸易中，出口产品种类基本稳定，出口贸易总额增加的主要动力来自出口产品数量的提升。

由表2-28可知，2015年中韩FTA正式生效后，由于生效的时间较短，因此无论从扩展边际增速还是集约边际增速看，都尚未显现出特别明显的拉动作用。

表2-28　中韩FTA生效前后中国对韩国出口贸易的二元边际增速变化

年份	扩展边际增速（年均%）	集约边际增速（年均%）
2002—2017	0.2	13.40
FTA生效前：2002—2015	0.7	15.45
FTA生效后：2016—2017	-0.1	10.66

数据来源：Uncomtrade数据库。

2.3.4　中韩典型产品的二元边际分解

我们进一步选取中国对韩国出口贸易中几种比较典型的产品进行分解，主要包括：纸和纸板、皮革类衣服、化学制剂、棉质衬衫、铸铁、机械零件、控制仪器等七大类典型产品，结果如表2-29所示。

从表2-29可以看出，典型产品的变化趋势与中国对韩国出口贸易现状的变化趋势一致。扩展边际在中韩FTA签订前后没有明显的变化，而集约边际虽然有所增长，但是涨幅较小。同时，2008年金融危机的冲击，使得随后几年的扩展边际和集约边际均呈现出明显的下降趋势，后经过几年的缓慢调整，出口贸易逐渐恢复常态。

表2-29　　中国对韩国出口贸易的典型产品分解

年份	纸和纸板	皮革类衣服	化学制剂	棉质衬衫	铸铁	机械零件	控制仪器
2002	1 106 471	1 105 347	1 390 056	42 287 104	3 235 459	72 438	10 500 973
2003	1 269 624	1 416 432	4 304 655	54 769 572	5 362 068	332 339	10 554 631
2004	2 547 655	1 638 043	4 177 917	71 222 883	9 538 955	688 864	12 409 874
2005	2 306 229	2 909 912	5 002 890	56 809 427	17 376 773	2 213 519	13 029 737
2006	3 397 451	3 852 468	4 747 544	68 260 855	7 653 031	3 526 945	40 646 384
2007	5 065 641	3 062 549	6 115 743	59 669 627	10 979 667	3 339 207	89 461 982
2008	5 031 496	2 664 715	8 103 750	46 543 869	10 529 879	9 030 293	172 156 086
2009	2 230 844	1 752 881	6 824 194	32 698 718	10 911 589	46 218 157	110 274 668
2010	3 981 789	2 871 593	14 828 889	38 784 973	9 152 220	5 480 532	156 302 153
2011	7 624 368	2 032 481	24 413 044	50 438 902	8 036 451	10 581 012	162 695 446
2012	9 319 529	2 925 350	29 094 830	52 399 589	7 324 777	22 550 315	162 185 244
2013	7 724 336	3 288 989	34 401 514	59 195 784	7 426 443	10 326 234	169 206 005
2014	7 130 666	4 056 420	46 196 003	70 120 600	6 449 460	2 760 840	154 212 686
2015	6 041 096	5 473 841	41 726 463	63 988 671	5 833 410	7 473 012	133 433 615
2016	6 845 889	5 462 970	40 460 261	40 958 738	4 587 783	3 325 777	144 948 488
2017	7 916 560	5 099 618	45 532 721	33 556 006	6 224 100	3 179 927	142 017 011

数据来源：Uncomtrade数据库。

通过上述二元边际分解可以发现，中国对韩国出口贸易的增长主要是依靠集约边际实现的，即依靠已有出口产品的数量增长，而扩展边际作用并不明显；由于自贸区建立时间尚短，中韩FTA对中国对韩国出口贸易的二元边际拉动作用并不明显，但是，从长远趋势来看，中韩两国的贸易仍有较大的提升空间。

2.4　中日国家权力生态位

鉴于“区域价值链”的核算方法尚不成熟，本书借鉴了“国家贸易生态位”的思路，构建了涵盖一国贸易和投资在内的“国家权力生态位”指标，并将“区域价值链”的范围拓展到“东亚生产网络”[①]，以中、日两

① 本书所界定的东亚生产网络为中国、日本、韩国以及东盟十国（新加坡、菲律宾、印度尼西亚、泰国、马来西亚、文莱、越南、老挝、缅甸、柬埔寨）等13个国家。

国为例，研究中日国家权力生态位的关系，从而反映了包括东北亚主要国家在内的“东亚生产网络”这一区域价值分工链条内的竞争格局。

在全球生产网络环境下，东亚生产网络（EA- Production Network）是指在区域经济一体化的助推下，东亚经济体各成员基于产品内分工与垂直专业化的条件，完成对产品价值链条的分解，并实现了不同生产环节的地理分割，最终逐渐演化而成的一个极具代表性的、区域性的、网络状的复杂生产体系（唐海燕和张会清，2008）。在东亚生产网络内部，各成员的政治制度、经济实力与历史文化等方面的差异，从而使得内部成员间的权力关系错综复杂。同时，东亚生产网络分工格局的演变过程与国家间权力关系的变化趋势之间相互影响。因此，为了揭示它们之间的内在关联，国内外学者从不同的研究视角出发，探讨并考察了东亚生产网络分工格局的演变过程以及内部成员权力关系的变化趋势。

日本经济学家赤松要（1935）最早刻画出了东亚生产网络的雏形，他指出东亚生产网络的分工格局呈现着“日本（头雁）—NIEs（两翼）—东盟和中国（尾雁）”的特点，即著名的“雁行发展模式”（flying geese pattern）。在这一分工模式下，三个梯队基本遵循着“技术递减”的规律进行产业间分工，分别从事技术密集型、资本密集型与劳动密集型产业（林桂军等，2012）。与此同时，日本积极对东亚地区其他经济体进行直接投资与产业转移，使得各成员不断吸收先进的生产技术、管理经验并推动产业升级，最终实现经济腾飞。正是依托于这一独特的分工体系，东亚经济体创造了令人瞩目的“增长奇迹”。而在此过程中，作为“头雁”的日本，始终凭借着技术优势占据着东亚生产网络中的绝对主导地位。

然而，进入20世纪90年代以后，伴随着中国的改革开放、经济崛起和日本经济的持续衰退，东亚生产网络中各成员的地位关系发生了显著的变化。中国的崛起开始削弱日本和亚洲新兴经济体在东亚生产网络中的固有影响力。中国生产的优势产品的复杂度在持续提高，中、高级复杂度产品质量的提升尤为明显（胡昭玲等，2016）。在零部件贸易方面，中国和日本互为零部件的最大出口国；在最终品贸易方面，中国成为东亚生产网络与区域外进行最终品贸易的重要平台（庞德良和王博，2018）。

中日两国作为区域内的大国，它们之间在生产网络内部的权力关系的变化受到多方关注，其影响也十分广泛。但是，现有研究大多是基于定性分析的角度探讨其权力结构、权力转移等问题，缺乏对权力关系有效的量化研究。因此，本书尝试多学科的交叉融合，将生态学中的“生态位”理论与地缘政治学中的“权力关系”两者相结合，以此构建“国家权力生态位”评价模型，在指标体系上同时考察了“硬实力”和“软实力”两个维度，在研究区域上聚焦于东亚生产网络，具体测度中日在东亚生产网络中权力关系的动态演化过程，从而弥补了既往研究对中日权力关系的不足之处。

2.4.1 国家权力生态位

（1）生态位

在现代生态学研究中，人们往往比较关注物种间的多样性、竞争性以及群落的结构性等特征，而生态位（niche）理论正是用来分析这些问题的一个重要工具。生态位的内涵十分多元，它不仅能够反映物种个体在群落中的时空位置、结构关系，也可以反映某一物种区别于其他物种的功能地位及竞争关系，所以，迄今为止学界也尚未对其形成较为统一的界定。但是，在已有的研究中，空间生态位、功能生态位以及多维超体积生态位（Grinnell，1917；Elton，1927；Colwell和Rangel，2009）的概念最具代表性和普遍性。

与自然生态系统对比，经济社会也具有相似的结构特征与运行规律。因此，自20世纪80年代以来，生态位理论逐渐从自然科学领域扩展到社会科学领域，越来越多的社会科学研究者们也开始借鉴生态位理论的思想和方法展开研究。这些研究主要集中在旅游规划和城市竞争等领域（陈绍愿等，2006；胡炜霞等，2014；谢炳庚等，2015）。此外，还有个别学者通过构建“经济权力生态位”（熊琛然等，2018）和“国家贸易生态位”（郑甘澍等，2013）等评价模型，进一步拓展生态位理论在社会科学中的应用范围。

（2）国家权力生态位

地缘政治学中的权力格局与生态学中的生态系统也存在着一致的对应关系。在国际权力格局中，每个国家对应物种个体，不同国家间基于地缘、经济等形成的权力中心对应着不同的种族、群落。权力资源与生态资源一样都是有限的，各国对权力资源的夺取对应着物种个体与种族、群落之间的竞争。各国间竞争实力和地缘影响力此消彼长，权力关系在国际权力格局中不断进行着时空演变，对应着生态系统中物种个体的功能地位及时空位置。由此可见，国际权力格局可被视为一个社会科学中的权力生态系统，因此利用生态位理论来刻画该系统中个体之间的权力关系就具有一定的合理性。

基于上述分析，可以将国家权力生态位诠释为：在国际竞争格局中，个体间对核心权力资源占有度不同引致实力的崛起或衰退，从而形成了权力的相对地位与功能结构关系，以及这种权力关系的时空位置。

（3）国家权力生态位宽度

生态位宽度用于反映物种个体或种群对自然资源的实际利用情况和潜在能力。与之相对应，国家权力生态位宽度可以反映国家对权力资源的占有程度，一国宽度值越大表明其对他国的挤压程度就越大，在权力结构中处于相对更高阶的位置。生态位宽度有很多种测算方法，本书基于王炜等（2017）采用的功能生态位宽度评价模型，对东亚生产网络中日两国的国家权力生态位宽度进行测度。

如式（2.13）所示，以东亚生产网络中各国的权力类型为行，以各权力类型的具体指标为列，从而形成了国家权力生态位宽度矩阵：

$$\begin{vmatrix} X'_{t11} & \cdots & X'_{t1j} & \cdots & X'_{t1m} \\ \vdots & \ddots & \vdots & \iddots & \vdots \\ X'_{ti1} & \cdots & X'_{tij} & \cdots & X'_{tim} \\ \vdots & \iddots & \vdots & \ddots & \vdots \\ X'_{tn1} & \cdots & X'_{tnj} & \cdots & X'_{tnm} \end{vmatrix} \cdot \begin{vmatrix} \sum X'_{t1j} W_{tj} \\ \vdots \\ \sum X'_{t1j} W_{tj} \\ \vdots \\ \sum X'_{t1j} W_{tj} \end{vmatrix} \tag{2.13}$$

式（2.13）中，X'_{ij}为国家i在t权力要素类型下j指标的数值，W_{tj}为指标X'_{ij}的具体权重。在国家权力生态位系统中，国家个体用i表示，i=1，···，n；t权力要素类型下的子指标用j表示，j=1，···，m。

基于此，可知单要素下的国家权力生态位宽度模型为：

$$NB_{it} = \frac{\sum_{j=1}^{m} X'_{ij} W_j}{\sum_{i=1}^{n} \sum_{j=1}^{m} X'_{ij} W_j} \tag{2.14}$$

单要素下的国家权力生态位宽度可以用来衡量国家在单一权力资源上的占有情况。而根据多维超体积生态位理论，一国在N种要素维度上占据的宽度可以构成一个N维的超体积空间，即综合生态位宽度，可以从总体上评价权力生态系统中的功能结构。因此，本书参考方园等（2019）的做法，将一国的国家权力综合生态位宽度表示为：

$$NB_i = \left(\prod_{t=1}^{s} NB_{it} \right)^{1/s} \tag{2.15}$$

其中，s为权力要素类型的种类数量。

（4）国家权力生态位竞争关系

在权力转移的背景下，两国之间权力关系的竞争性尤其值得关注。为了进一步探析中日两国在国家权力生态位中的竞争关系，本书参考熊琛然等（2018）的做法，利用物种间竞争关系模型（Pianka，1973）测算中日两国国家权力生态位竞争关系指数，计算公式如下：

$$NCI_{CJ} = \frac{\sum_{t=1}^{M} NB_{Ct} NB_{Jt}}{\left(\sum_{t=1}^{M} NB_{Ct}^2 \sum_{t=1}^{M} NB_{Jt}^2 \right)^{1/2}} \tag{2.16}$$

其中，NCI_{CJ}表示中国和日本两国的国家权力生态位竞争关系指数，其数值在0~1的范围内取值，越趋近于1，表明两国间的竞争关系越激烈，反之则表明两国间的竞争关系较弱。

（5）评价指标体系

综合国力是国家权力与地缘影响力的内在基础，因此，本书以综合国力指标为参考构建国家权力生态位评价指标体系。关于综合国力，主要涵盖了硬实力、软实力及巧实力等方面，其中较为有影响力的是Cline提出的综合国力公式：$P_p=（C+E+M）\times（S+W）$（倪世雄，2016）。基于相关学者的研究，并结合数据的可获得性和可操作性，本书将国家权力生态位的评价指标体系定义为2个功能层、8个系统层以及24个指标层，具体如表2-30所示。

表2-30　　　　国家权力生态位评价指标体系

目标层	功能层	系统层	指标层	单位
国家权力综合生态位	硬实力生态位	资源实力	劳动力人口数量	人
			国土面积	km^2
			耕地面积（人均）	公顷数
		经济实力	GDP总量	现价美元
			人均GDP	现价美元
			制造业增加值	现价美元
			货物和服务贸易进出口总额	现价美元
			对外直接投资净流量	现价美元
		科技实力	R&D研究者人数（每百万人）	人
			高科技出口额	现价美元
		国防实力	武装部队人数	人
			军费支出（占GDP比例）	%
	软实力生态位	国家治理	话语权和问责	—
			政治稳定性与非暴乱	—
			政府有效性	—
			管制质量	—
			法治程度	—
			腐败程度	—
		文化实力	入学率（高等院校）	%
			国际旅游入境人数	人
		社会发展	内科医生人数（每千人）	人
			国家机构女性席位比例	%
			城镇人口（占总人口比例）	%
		国家形象	国际储备额	现价美元

在国家硬实力生态位上，主要涵盖了资源实力、经济实力、科技实力与国防实力四个系统。

①资源实力：在国际竞争中，一国的资源禀赋主要包括人力资源和自然资源。本书选用了劳动力人口数量（15~64岁）来衡量国家的人力丰裕度，选用了国土面积、耕地面积来衡量自然资源。

②经济实力：经济实力是一国综合国力中至关重要的因素之一，经济利益也是国家利益中的核心组成部分。本书分别选用了GDP总量、人均GDP以及制造业增加值等指标，从总量、均量和增量的角度来评估经济实力。此外，还选用了货物和服务贸易进出口总额和对外直接投资净流量来衡量经济的对外辐射能力。

③科技实力：技术创新是新一轮国际竞争的核心。本书选用了R&D研究者人数和高科技出口额来反映科技发展水平。

④国防实力：强有力的国防实力将为国家发展提供坚实保障。本书选用了武装部队人数和军费支出来衡量国家的国防实力。

在国家软实力生态位上，主要涵盖了国家治理、文化实力、社会发展以及国家形象四个系统。

①国家治理：治理效率的高低反映了国家运行的情况。本书借助世界银行的WGI指数来衡量国家治理效率，主要包括了六大指标：话语权和问责、政治稳定性与非暴乱、政府有效性、管制质量、法治程度、腐败程度。

②文化实力：文化是民族生存与发展的重要源泉，也是软实力的重要组成部分。本书选用了入学率（高等院校）和国际旅游入境人数来反映文化知识的生产力和文化价值的吸引力。

③社会发展：社会发展受到诸多因素影响，本书选用了内科医生人数、国家机构女性席位比例和城镇人口（占总人口比例）来反映一国的医疗水平、社会公平以及城市化发展水平。

④国家形象：一国在外交、国际合作、国际治理等领域的作为反映

了国家形象。鉴于相关数据的缺失，本书选用了国际储备额来衡量国际形象。

（6）指标权重的确定：熵值法

在测算功能生态位时，不同要素指标对其所属的功能维度的影响程度和贡献程度不同。因此，需要对各指标赋予相应的权重。常见的权重分配方法包括了熵值法、主成分分析法、层次分析法、变异系数法、专家打分法等。基于简洁、合理、易行的原则，本书采用熵值法测算子指标的权重关系，消除了人为的主观性。

在使用熵值法之前，鉴于各子指标的量纲不同，不具有经济可比性，因此，为了消除异常值的干扰，首先采用极差标准化法对原始数据予以修正，实现无量纲化处理，见式（2.17）[①]：

$$X_{ij}' = \frac{X_{ij} - min(X_{1j}, X_{2j}, \cdots, X_{nj})}{max(X_{1j}, X_{2j}, \cdots, X_{nj}) - min(X_{1j}, X_{2j}, \cdots, X_{nj})} + 1 \tag{2.17}$$

首先，计算国家i的j项指标在该项指标中所占的比重：

$$P_{ij} = \frac{X_{ij}'}{\sum_{i=1}^{n} X_{ij}'} \tag{2.18}$$

其次，计算第j项指标的熵值：

$$E_j = K \cdot \sum_{i=1}^{n} P_{ij} \cdot lnP_{ij}, K = -\frac{1}{lnn} \tag{2.19}$$

最后，计算第j项指标的权重：

$$W_j = \frac{1 - E_j}{\sum_{j=1}^{m} (1 - E_j)} \tag{2.20}$$

（7）数据说明

本书选用了资源实力、经济实力、科技实力、国防实力、国家治理、

① 本书选取的指标为正向指标，即该数值越大、资源越多，则对国际权力的影响效应越大。因此，在进行无量纲化处理时选用式（2.17）的处理方式。

文化实力、社会发展以及国家形象等方面的数据。相关数据主要来源于各个国际组织的官方网站以及相关的统计年鉴，包括了世界银行公开数据库、联合国商品贸易数据库、斯德哥尔摩和平研究所网站、世界能源统计年鉴、中华人民共和国国家统计局网站、WGI数据库等；在区域范围方面，选取了涵盖中国和日本在内的东亚生产网络（共13个国家）；在时间序列方面，选取了1996—2018年共23年的数据，每隔2年计算一次，从而全面地刻画了中日两国国家权力生态位关系的动态演化过程。此外，针对部分国家部分指标数据的缺失情况，本书主要采用均值法和线性拟合法予以补充。

2.4.2 中日国家权力综合生态位宽度测算

国家权力综合生态位宽度可以描述东亚生产网络内部的权力格局与结构特点，而一个国家的宽度值变化可折射出该国在东亚生产网络中的权力地位波动趋势。由图2-4可知，在1996—2018年共23年的观察期间内，日本的国家权力综合生态位宽度的变化相对较为稳定，始终保持在0.086~0.089的区间范围内。而中国的国家权力综合生态位宽度的变化则较为剧烈，从1996年最初的0.085提高到2018年的0.101，增长率超过了18.8%。

更进一步，可以将中国的国家权力综合生态位宽度演化趋势划分为三个时间阶段：①1996—2002年为第一阶段，中国的国家权力综合生态位宽度呈现小幅波动；②2002—2014年为第二阶段，中国的国家权力综合生态位宽度呈现快速上升的趋势，增长了17.44%，并于2006年前后超过日本，领先于东亚生产网络的其他成员；③2014—2018年为第三阶段，中国的国家权力综合生态位宽度增速开始放缓，同时伴有小幅度的震荡调整。

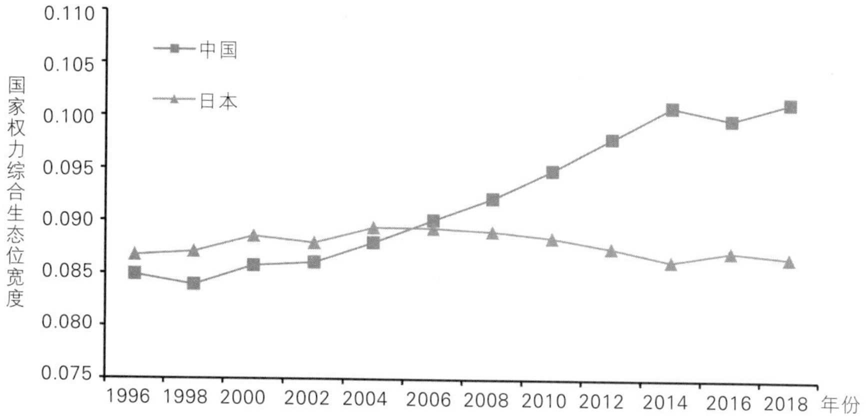

图2-4　中日两国国家权力综合生态位宽度变动趋势图

资料来源：作者根据前文所列公式及相关数据计算绘制。

此外，比较图2-5和图2-6可知，东亚生产网络内部其他成员的国家权力综合生态位宽度无论在数值大小还是在排名次序上变化浮动都较小，可以反映出东亚生产网络的权力生态位格局总体上保持着相对稳定的特点。

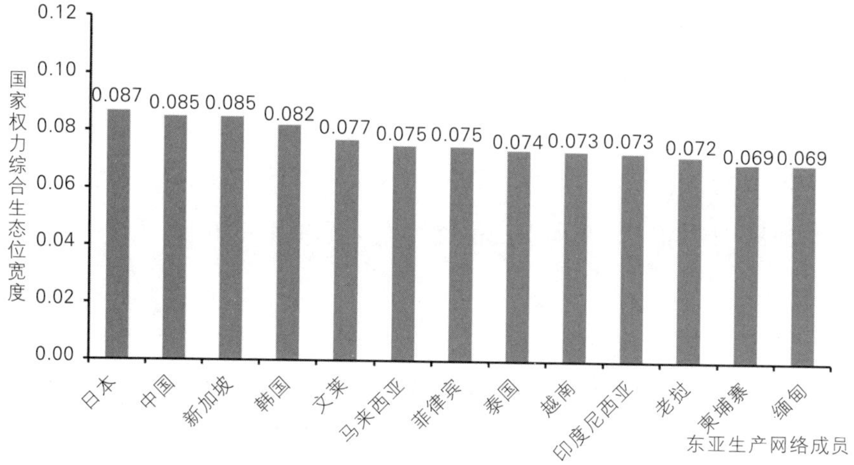

图2-5　1996年东亚生产网络成员国家权力综合生态位宽度比较

资料来源：作者根据前面所列公式及相关数据计算绘制。

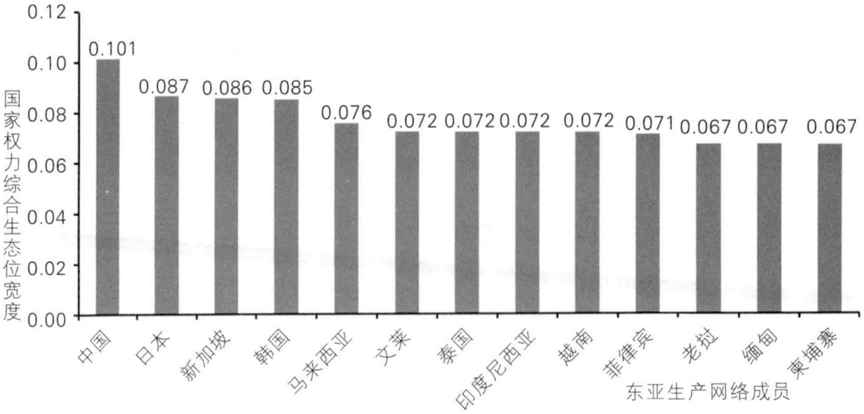

图2-6　2018年东亚生产网络成员国家权力综合生态位宽度比较

资料来源：作者根据前面所列公式及相关数据计算绘制。

通过分析中国国家权力综合生态位宽度变化的时间趋势可知，2001年成功加入WTO是促使中国在第二阶段实现快速崛起的关键原因。一方面，在全球范围内，中国以更加积极的姿态打开国门融入全球价值链，成为“世界工厂”，实现了GDP和对外贸易的飞速发展；另一方面，在区域范围内，中国深度融入东亚生产网络，改变了区域内部生产分工体系格局，形成了“中-日-韩-东盟（十国）”的四极体系。然而，值得注意的是，尽管从表2-31来看中国综合生态位宽度远超其他三极，但是在东亚生产网络的分工体系中，日本和韩国依旧占据“上游”的有利位置，而中国和东盟则处于相对“下游”的位置，其主要原因在于中日两国生态位宽度的不同。

表2-31　2018年东亚生产网络成员的国家权力综合生态位宽度

中国	日本	韩国	东盟十国平均值	东亚生产网络平均值
0.101	0.087	0.085	0.072	0.076

数据来源：作者根据相关数据计算而得。

2.4.3 单要素下的中日国家权力生态位宽度

通过比较单要素下的生态位宽度变化，将有助于分析中日两国的国家权力在各构成部分间的异质性特征，从而更加全面地评估中日两国的竞争力。1996—2018年，中日两国单要素下的国家权力生态位宽度变化趋势如表2-32和表2-33所示，归纳起来具有以下三大特征：

表2-32 中国单要素下的国家权力生态位宽度变化趋势

年份	硬实力生态位				软实力生态位			
	资源实力	经济实力	科技实力	国防实力	国家治理	文化实力	社会发展	国家形象
1996	0.128	0.074	0.073	0.111	0.070	0.076	0.084	0.078
1998	0.129	0.076	0.072	0.100	0.071	0.074	0.085	0.079
2000	0.130	0.075	0.073	0.115	0.072	0.075	0.085	0.079
2002	0.132	0.076	0.073	0.112	0.070	0.079	0.082	0.081
2004	0.134	0.076	0.075	0.116	0.071	0.082	0.081	0.086
2006	0.136	0.078	0.079	0.114	0.070	0.085	0.081	0.093
2008	0.137	0.084	0.084	0.102	0.071	0.085	0.081	0.108
2010	0.137	0.088	0.084	0.104	0.070	0.089	0.081	0.122
2012	0.138	0.095	0.090	0.104	0.069	0.093	0.082	0.129
2014	0.138	0.105	0.093	0.103	0.070	0.096	0.085	0.137
2016	0.137	0.113	0.088	0.097	0.070	0.099	0.086	0.125
2018	0.137	0.114	0.089	0.101	0.070	0.105	0.087	0.125

数据来源：作者根据相关数据计算而得。

表2-33 日本单要素下的国家权力生态位宽度变化趋势

年份	硬实力生态位				软实力生态位			
	资源实力	经济实力	科技实力	国防实力	国家治理	文化实力	社会发展	国家形象
1996	0.076	0.104	0.114	0.068	0.093	0.079	0.088	0.081
1998	0.076	0.100	0.116	0.068	0.093	0.084	0.088	0.080
2000	0.076	0.104	0.113	0.070	0.094	0.086	0.090	0.083
2002	0.076	0.099	0.111	0.071	0.093	0.087	0.090	0.084
2004	0.075	0.102	0.110	0.071	0.096	0.087	0.091	0.090
2006	0.075	0.098	0.108	0.071	0.097	0.089	0.092	0.090
2008	0.075	0.100	0.104	0.071	0.096	0.090	0.092	0.091
2010	0.075	0.100	0.101	0.072	0.096	0.087	0.092	0.090
2012	0.074	0.101	0.098	0.072	0.095	0.083	0.090	0.091
2014	0.074	0.095	0.097	0.071	0.096	0.083	0.088	0.091
2016	0.074	0.100	0.097	0.071	0.095	0.086	0.088	0.091
2018	0.074	0.095	0.097	0.072	0.096	0.083	0.089	0.092

数据来源：作者根据相关数据计算而得。

特征1：中日两国单要素生态位宽度的演化趋势存在异质性

从单要素生态位宽度的演化趋势上看，中日两国表现出“一增一稳”两种不同的态势。具体而言，中国除国防实力和国家治理两个要素之外，其他要素的生态位宽度都保持着增长趋势。其中，资源实力生态位宽度从1996年的0.128上升到2018年的0.137，经济实力生态位宽度从1996年的0.074上升到2018年的0.114，科技实力生态位宽度从1996年的0.073上升到2018年的0.089，文化实力生态位宽度从1996年的0.076上升到2018年的0.105，社会发展生态位宽度从1996年的0.084上升到2018年的0.087，国家形象生态位宽度从1996年的0.078上升到2018年的0.125。与中国不同，日本各要素的生态位宽度均有小幅波动，除资源实力和科技实力生态位宽度等要素有减少外，经济实力生态位宽度、国防实力生态位宽度、国家治理生态位宽度、文化实力生态位宽度、社会发展生态位宽度以及国家形象生态位宽度等要素都有增长，但是在总体上依旧保持着较为稳定的态势。

这一特征与中日两国在东亚生产网络中的角色相符合。中国作为快速崛起的发展经济体，生态位宽度演化趋势映射出其在经济、文化等领域的持续发展；日本作为发达经济体，各领域发展较为成熟，其生态位宽度保持相对稳定的状态。

特征2：中日两国硬/软实力生态位宽度的演化存在非同步性

从图2-7和图2-8可知，中日两国在硬实力生态位宽度和软实力生态位宽度方面的演化过程不同。在硬实力生态位宽度上，中国呈现快速增长趋势，而日本则呈现下降趋势，表明伴随着中国经济的崛起，中国在东亚生产网络中的地位在不断提高。而在软实力生态位宽度上，中国和日本都呈现上升趋势，但中国增速显著高于日本，并于2010年前后开始超越日本。

特征3：中日两国硬实力生态位宽度的内在驱动存在异质性

通过比较中日两国硬实力生态位宽度数据，可以发现：中国的硬实力生态位宽度的排序依次为资源实力>经济实力>国防实力>科技实力，日本的硬实力生态位宽度的排序依次为科技实力>经济实力>资源实力>国防实力。由此可知，中国硬实力生态位宽度的变化主要是“资源驱动型”，而日本硬实力生态位宽度的变化则主要是“创新驱动型”，两国硬实力变化的动因不同，这也解释了两国在东亚生产网络中分工地位不同的根本原因。

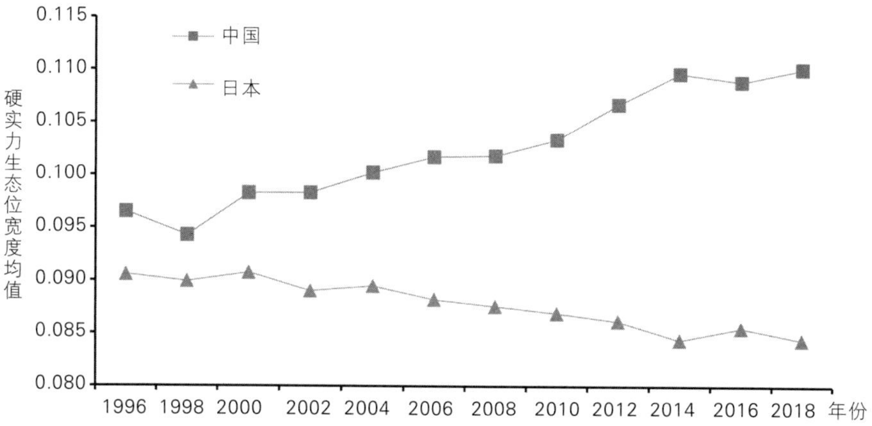

图2-7　中日两国硬实力生态位宽度均值对比

资料来源：作者根据前面所列公式及相关数据计算绘制。

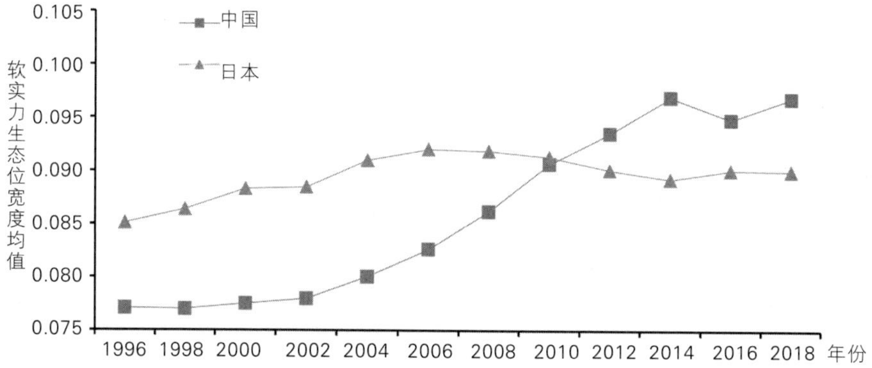

图2-8　中日两国软实力生态位宽度均值对比

资料来源：作者根据前面所列公式及相关数据计算绘制。

长期以来，中国的硬实力发展过度依赖于自然、人口等资源优势，科技对经济的贡献度不足，因此处于东亚生产网络相对“下游”的位置。与此不同，日本虽然在资源方面存在先天劣势，但是其依托自身技术优势，成为“创新驱动型”的经济体。

2.4.4 中日国家权力生态位竞争关系

根据式（2.16），可以测算出中日两国的国家权力生态位竞争关系指数，以此反映中日两国权力关系的动态演化过程。根据图2-9可知，以2008年为时间节点，在1996—2008年期间，中日两国在东亚生产网络中的权力生态位竞争关系指数在相对较低的区间位置内上下波动；而从2008年开始，中日两国的权力生态位竞争关系指数开始持续上升，提高到相对较高的区间水平，这表明伴随着东亚生产网络内部权力的转移，中日的权力生态位竞争关系日趋激烈。

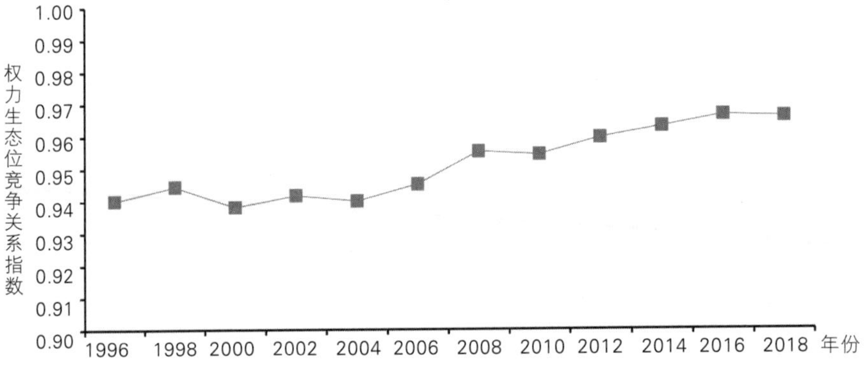

图2-9 中日两国权力生态位竞争关系指数

资料来源：作者根据前面所列公式及相关数据计算绘制。

这一趋势的改变主要有两大关键因素：其一，虽然2008年爆发的国际金融危机对中日两国都造成了不同程度的负面影响，但是中国在危机后的改革与调整措施更为有效，在“供给侧结构性改革”和“一带一路”建设等一系列利好政策的助推下逐渐从危机中恢复，并且成为“后危机时代”地区经济和全球经济的发动机，中国GDP总量于2010年超过日本成为世界第二大经济体；其二，2010年中国-东盟自由贸易区（CAFTA）正式全面启动。中国和东盟作为东亚生产网络中的两极，双方通过自由贸易区大大深化了双边经贸往来，同时提高了中国在东亚生产网络中的地位与作用，改变了原有的分工格局。

与此同时，我们进一步考察了权力关系的变化会对两国政治关系产生怎样的影响。根据清华大学国际关系研究院发布的“中国与大国关系数据库”中的相关数据，可以测算出中日两国在观测期内的政治关系指数，并与权力生态位竞争关系指数相对比，如图2-10所示。不难发现，除了在2006—2010年中日政治关系有短暂的蜜月期外，中日两国的政治关系与权力竞争关系大致呈现负向关联。

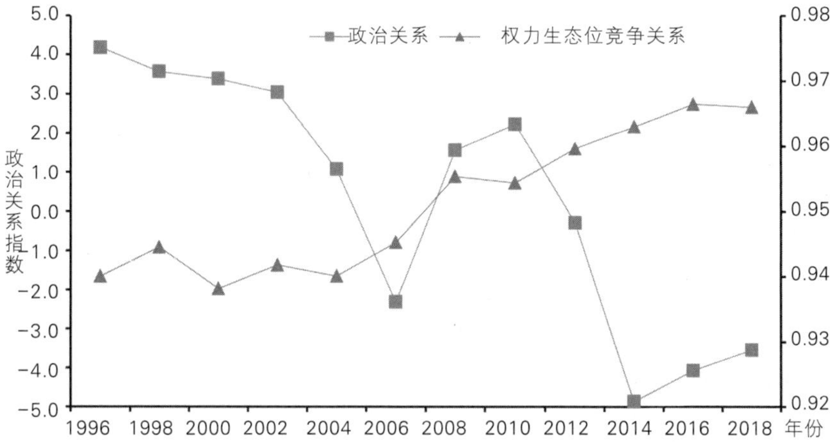

图2-10　中日两国权力生态位竞争关系与政治关系对比

资料来源：作者根据前面所列公式及相关数据计算绘制[①]。

① 中日两国的政治关系指数是笔者根据清华大学国际关系研究院“中国与大国关系数据库”的相关数据计算而得。由于该数据为月度数据，因此在计算时取当年各月度的平均值作为当年的政治关系指数。另外，因为该数据仅更新到2018年5月，因此2018年度政治关系指数是由1—5月的平均值所替代的。网址为：http://www.imir.tsinghua.edu.cn/publish/iis/7522/2012/20121129111238073970752/20121129111238073970752_.html（访问时间：2019年8月）。

权力是大国之间在地缘政治中进行博弈的主要内容。在全球化和区域化的浪潮下，国际分工体系不断拓展，新兴经济体从中获利实现了经济快速增长，经济实力的提高同时助推了国家权力的扩展，这使得国际权力格局悄然发生着改变。在这场变革中，权力的空间分布不断向东转移，使得东亚地区再次成为世界关注的焦点。从宏观角度看，东亚生产网络在全球三大生产网络中的地位不断上升，对世界经济发展的贡献度逐渐增大；从微观角度来看，东亚生产网络内部的权力结构也在发生着显著变化，中国的地位在显著提高。

综上，可以得出以下结论：

第一，在国家权力综合生态位宽度上，中日两国的演化特征具有显著差异。日本在整个观测期内始终保持在稳定的区间范围，其对权力资源的占有度未有明显变化。而中国在整个观测期内则具有明显的阶段性特征，总体上呈现高速增长的态势，增长率超过了18.8%，这主要得益于中国经济的快速崛起，促使中国的国家权力综合生态位宽度在2006年前后超过日本，领先于东亚生产网络的其他成员。

第二，在单要素的权力生态位宽度上，中日两国的权力要素也存在异质性。在数量上，相较于日本而言，中国权力生态位宽度增长的要素类型更多，表明中国的崛起不单单是经济实力的崛起，其在科技实力、社会发展等方面都有所提升；在类型上，尽管中国在硬实力生态位宽度和软实力生态位宽度上都超过了日本，但是无论是在趋势上还是在子指标表现上，与硬实力生态位相比，中国软实力生态位的竞争力仍然较弱；在动因上，中国权力生态位宽度变化为“资源驱动型”，而日本权力生态位宽度变化为“创新驱动型”，两国在本质上驱动生态位宽度变化的动因不同。换言之，两国在优势权力资源的分配上并不一致，日本的技术水平、创新水平仍然保持较高水平。这也同时表明：尽管中国在权力生态位宽度的数值上超过了日本，但是并不意味着中国已经全面超过日本。

第三，在国家权力生态位竞争关系上，中日两国的权力竞争关系也日趋白热化。从2008年开始，中日两国的权力生态位竞争关系指数开始不断上升，两国间的权力生态位竞争关系日趋激烈，两国之间的竞合关系将处于长期变化的过程之中。

2.5 东北亚贸易与投资合作的机制与建议

东北亚各国间地理位置相近，自然资源和经济发展的互补性较强，具有巨大的经济合作发展潜力。然而由于受到地缘政治、历史及文化认同等因素的阻碍，传统的区域一体化理论在该区域失效。该区域长期缺乏一个持续稳定、多元参与、行之有效的区域合作机制，阻碍了区域间进一步合作和贸易投资往来。

2.5.1 东北亚合作的内外部阻力

（1）外部阻力：东北亚区域关系复杂多变

东北亚是一个地缘政治关系矛盾重重的地区，客观上为东北亚合作带来了较大阻力。长久以来，东北亚区域的历史背景和地缘结构，使得各国之间的政治关系复杂多变，中日、中韩、日韩、朝韩等关系受到多方因素影响，从而使得建立一个各方积极参与的贸易投资合作机制十分不易，由此加剧了东北亚合作的难度。

（2）内部阻力：东北地区腹地经济发展不理想

从空间格局上来看，目前东北地区的腹地经济呈现出以下两个显著的分布特征：①空间分布的“极化现象”突出，即在各个节点城市中，主要体现出以沈阳、长春、哈尔滨三个省会城市为中心的高度“极化”；②空间分布的“不均衡性”明显。总体上来看，东北地区的腹地经济基本呈现出“东强西弱、南优北劣”的特点。依托地理位置条件，辽宁省拥有强劲的港口竞争优势，使得其在腹地经济上的表现更加出众。

与全国相比，东北地区的经济发展水平相对落后、腹地经济发展缓慢导致中国融入东北亚区域贸易投资合作的脚步减缓。

2.5.2 “北极航道”次区域合作机制

在东南亚区域合作中，中国与东盟各国创新提出了“澜沧江-湄公河”次区域合作机制，以澜沧江和湄公河这一自然媒介成功构建起了多边合作平台，打造了澜湄流域经济发展带，有效地提升各国之间的认同感和产能合作。同样，在东北亚区域合作中，中国与其他东北亚国家之间也存在着这样类似的自然媒介——“北极航道”。该航道的建设关乎东北亚各国的经济利益，但是各国又难以仅仅凭借自身力量完成对“北极航道”的开发，面对着其他国家对这一航道的极大兴趣，东北亚各国之间搁置争议共同构建“北极航道经济发展带”便有了现实的可行性。

因此，应在“一带一路”倡议的总体框架下，借鉴“澜沧江-湄公河”次区域合作机制的建设经验，以“冰上丝绸之路”建设为契机，尝试探索东北亚国家间的“北极航道”次区域合作创新机制建设，从而实现东北亚区域内贸易、投资等领域更高水平的开放与合作。

2.5.3 外部阻力的化解路径

在东北亚各国中，中、日、韩三国经济发展水平相对较高，俄罗斯、蒙古国和朝鲜三国的经济发展水平相对落后，存在着“两级”的发展趋势，因此在化解东北亚合作的外部阻力时，也应该采取不同的针对性措施。东北亚合作的引领者应该是中、日、韩三国，而目前三国亟须解决的就是FTA的谈判问题，同时，应该推动日本、韩国利用第三方市场合作的方式积极融入“一带一路”建设中来；中国应该借助“中蒙俄经济走廊”将俄罗斯和蒙古国融入“一带一路”建设中来。

第一，以“中日韩FTA谈判”为推力。

作为东北亚区域中的核心成员，中、日、韩三国分别在全球价值链中处于不同的分工位置，三者彼此之间的协同合作形成了一个具有较强竞争力的区域性生产网络，促进了东北亚区域经济的稳定发展。尽管中、日、韩三国之间的贸易投资合作密切，但是因为重重阻碍，近年来“中日韩FTA”的磋商与谈判进程十分缓慢。中、日、韩三国在产业布局、贸易结构、投资合作等方面具有十分巨大的潜力，因此，以“中日韩FTA”为推力，加快区域经济一体化的进程，将会极大地推动三国在贸易和投资合作方面向纵深发展，提高东亚生产网络的国际竞争力，推进东北亚区域价值链的构建。

首先，中日合作，深化第三方市场合作。从内涵上而言，第三方市场合作是在“一带一路”框架下中国与发达国家就如何共同开发第三方国家而达成的共识，是中国与发达国家进行贸易投资合作的新渠道。作为东北亚区域内的两个“领头羊”，中国和日本分别是世界第二大和第三大经济体，与此同时，中国是日本的第一大贸易伙伴国，日本是中国的第二大贸易伙伴国，彼此之间经贸往来密切，中日合作推进第三方市场发展，搭建行之有效的贸易合作平台，将有利于双方发展自身优势产业，实现互补共赢。

其次，中韩合作，深化自由贸易区建设。中韩自贸区的构建设想最早可追溯到2002年，协定自2012年5月正式启动谈判，最终于2015年6月1日在韩国首尔签署。虽然《中韩自贸协定》已经签署4年多，但是在推动中韩贸易投资合作方面仍然有待提高。在贸易合作方面，《中韩自贸协定》意图优化双方的产能结构和贸易结构，强化合作的深度与广度，但是在实际中，中国出口韩国的多数为初级产品或低技术含量、低附加值的产品，而韩国出口中国的多数为资金、技术密集型产品。双方应该推进贸易合作向纵深化发展，从而实现贸易结构的双向平衡。同时，在投融资合作方面，需要进一步改善投资环境、优化融资政策、搭建高效的投融资体系、提供丰富的金融工具、强化风险防控手段。最终，在贸易和投资方面实现中韩自由贸易区的深层次建设。

第二，以“中蒙俄经济走廊”为合作纽带。

“中蒙俄经济走廊”倡议始于2014年，它将中国提出的“一带一路”倡议、蒙古国提出的“草原之路”战略与俄罗斯提出的“欧亚经济联盟”战略三者有机融合，实现了新的对接。建立在地缘优势基础上的“中蒙俄经济走廊”，将是未来一个时期内深入推进中国、蒙古国与俄罗斯三国经贸合作的重要纽带。

首先，在互联互通方面，加强基础设施建设。中国、蒙古国、俄罗斯三国彼此接壤，地缘优势十分明显，然而基础设施发展水平却极不平衡，阻碍了三国进一步提高贸易往来水平。特别是蒙古国作为一个内陆国家，既没有出海口也没有港口，其货物运输高度依赖于公路运输、铁路运输和航空运输，无形之中增加了贸易成本。中国作为三国中基础设施水平相对领先的国家，应该积极以“中欧班列”的建设为契机，推动中、蒙、俄三国基础设施的建设，改善硬件条件。同时，推进口岸管理与海关管理的协同性，缩减通关时间，降低通关成本，提高通关效率，进一步提升贸易投资便利化水平。

其次，在贸易合作方面，优化贸易结构。中国和俄罗斯分别是蒙古国第一大和第二大贸易伙伴国，同时也是蒙古国主要的外商投资来源国。中国、蒙古国、俄罗斯三国虽然在贸易合作上具有较强的互补性，但是三国的贸易结构并不合理，主要高度集中在资源型产品和能源型产品上，产品的附加值较低，产品缺乏竞争力，长期处于全球价值链的低端和下游位置，获利能力不足。中国作为三国中价值链地位相对较高的国家，应该积极推进产业合作，通过发挥产业优势调整区域内产业结构，向蒙古国和俄罗斯输出优势产业和技术，着力构建“区域价值链”，强化区域分工，进一步优化区域间的双边贸易结构。

再次，在投资合作方面，加强金融便利化程度。要充分发挥好丝路基金、上海合作组织以及亚洲基础设施投资银行的作用，进一步拓展国际金融资本的合作形式，加大对“中蒙俄经济走廊”的投资力度。探索构建中国、蒙古国、俄罗斯三国的本币结算体系，建立健全跨境结算与跨境融资机制，同时推进人民币的跨境结算业务，缩减结算时间，减少汇兑成本，降低金融风险。

最后，积极拓展贸易投资合作渠道。2019年6月5日，中俄正式发表了《中华人民共和国和俄罗斯联邦关于发展新时代全面战略协作伙伴关系的联合声明》，双方强调推动中俄北极可持续发展合作，共建“冰上丝绸之路”。在此契机下，中国应该积极推进双方在“一带一路”框架下高质量共建“冰上丝绸之路”，加强与沿线国家间的合作，拓展新的贸易投资合作形式与渠道。

第三，以“中朝韩稳定关系”为安全保障。

朝鲜半岛是东北亚地缘政治活动的重点。但是受限于历史、政治因素，朝鲜半岛乃至东北亚始终没有建构起一个区域性的安全机制，失去了安全机制的基石，贸易投资合作机制如同空中楼阁。因此，在当前环境下，积极探索朝鲜半岛的安全机制模式，发展稳定的中朝、朝韩关系，有助于经济合作机制的建构。

第四，以“一带一路园区建设”为合作平台。

东北亚经济圈应该建立在“一带一路”倡议的基础上，着重加强“产能合作”和“园区建设”，从而在区域内部创造贸易需求和投资需求，积极推动各方参与“一带一路”建设，利用“一带一路”平台为各方合作提供机遇，实现深层次的开放。

2.5.4 内部阻力的化解路径

在推动中国与东北亚各国区域间贸易投资合作过程中，东北三省因其独特优越的地理位置，自然而然地成为中国面向东北亚区域开放的重要桥头堡。然而，由于东北三省的腹地经济发展情况并不理想，对东北亚区域贸易投资的引领作用有所欠缺，形成了内部阻力。因此，十分有必要从中国角度探讨如何化解阻力，从而真正地发挥出东北三省的桥头堡作用，切实深度融入东北亚合作之中。

第一，以全面提高东北地区的腹地经济质量为目标。

东北地区腹地经济的发展在很大程度上影响着中国融入东北亚区域贸易投资合作的深度与广度。针对东北地区的空间格局特点，需要以全面提高东北地区的腹地经济质量为目标，强化港口群与城市群的联动，强化港口与港口、节点城市与节点城市间的联动，强化主要交通干线的联动，推进港口与腹地的物流通道建设，实现资源、要素等的自由流动，拓展腹地经济的广度和辐射范围，促进腹地经济的均衡性发展和差异化发展，加强腹地与腹地的联动，实现全产业链的高质量发展。

第二，以持续优化东北地区的营商环境质量为基础。

在东北三省中，辽宁省是中国第三批自贸试验区之一、黑龙江省是中国第五批自贸试验区之一，作为先行先试的自贸试验区，应该充分发挥它们各自的引领作用，并积极带动吉林省实现协同发展。要持续以优化营商环境为重点任务，积极探索如何对接国际经贸新规则、不断强化知识产权保护力度、进一步深化国际贸易的“单一窗口”建设和外商投资的“负面清单”制度，创建便利化、法治化、国际化、开放化的市场竞争环境，将东北三省建设为面向东北亚开放合作的新高地。

第三，以大力培育东北地区的新型贸易业态为抓手。

首先，培育贸易新业态的发展。东北三省应该积极培育跨境电子商务、外贸综合服务、市场采购贸易等外贸发展的新模式和新业态。以新业态创造新的合作着力点，强化与东北亚区域各国的贸易联系。不断推进跨境电子商务综合试验区建设，完善新业态培育的各项管理体制与政策措施。

其次，推进生产性服务贸易的发展。生产性服务业对于提升全球价值链地位有着重要的作用，要充分发挥大连市等服务外包示范城市的产业优势，加强与日本、韩国等在服务贸易领域的合作，积极推动生产性服务贸易的往来，并不断加快服务外包的转型升级，提高东北亚区域内服务贸易领域合作的水平。

最后，牢牢把握住数字贸易的时代机遇。当前，全球数字经济方兴未艾，东北亚区域中的日本、韩国等国也在积极探索发展数字经济和数字贸易。因此，作为中国面向东北亚合作的桥头堡，东北三省应该把握住新的机遇，加强数字经济和数字贸易的发展，积极参与相关规则的制定，推动双方在新业态下的新合作，实现贸易动能的有效转换。

第四，以充分发挥东北地区的开放平台作用为支撑。

首先，充分利用现有各类平台的机制体系。依托东北地区现行的各类外贸集聚区，有效整合国家级新区、综合保税区、经济技术开发区等区域的建设与发展，推进公共服务平台的建立健全，为进一步开放提供优质的平台与土壤。

其次，充分发挥贸易促进平台的支撑作用。为了进一步促进东北亚区域的贸易与投资需求，应该加强对贸易促进平台的建设。在现有的“大连软交会”等展会基础上，面向东北亚国家，创办“中日展览会”“中韩展览会”等主题特色区域性展会，满足双边的贸易与投资需求。

最后，充分发挥物流运输平台的支撑作用。海运方面：以大连东北亚国际航运中心建设为重点，提升东北地区在东北亚物流通道中的基础作用。陆运方面：加强中欧班列的建设，推进沿线基础设施建设，提高海关协作效率，促进东北亚各国的贸易往来。

第3章

东北亚区域服务业开放与服务贸易自由化

党的十九大报告明确提出，实行高水平的贸易和投资自由化便利化政策，大幅度放宽市场准入条件，扩大服务业对外开放。习近平总书记在第四届东方经济论坛全会上提出了加强东北亚合作的四点主张。“一带一路”倡议在东北亚区域经济合作迟缓背景下横空出世，也为深化东北亚区域经济合作注入了“催化剂”。2019年以来，围绕东北亚区域的地缘、安全、政治、外交、经济及文化等出现了双边互动、多边热络的沟通氛围，各方关系缓和、对话与和解的进程加快，凸显了东北亚各国追求和平与发展的主题没有逆转，区域内各国中央和地方政府追求民生繁荣和福祉进步的诉求没有改变，追求区域一体化的意愿依然强烈，这三大共识成为东北亚各国在新的时期建构新型合作伙伴关系、加强区域连带感、形成一体化认知的基础。服务业市场开放和服务贸易自由化作为东北亚区域经济合作的重要组成部分，在推动东北亚区域经济一体化进程中将发挥举足轻重的作用。同时，东北亚地区各国经济结构具有较强的互补性，市场规模超过欧盟各国GDP的总和，但东北亚的区域经济一体化进程严重滞后于欧盟。这与区域内各经济体市场开放滞后有着很大的关系。在当前半岛局势总体向好、中日关系显著改善、中韩关系在阻力中前行、中俄关系处于历史最好时期等诸多利好因素的共同作用下，东北亚区域内各方更需要调整区域合作思路，加大合作力度，抓住机遇，充分发挥各自的比较优势，以服务业市场开放为重点，努力实现东北亚区域经济合作的突破，加快形成东北亚区域经济一体化的新格局。鉴于此，本章将通过考察东北亚区域主要国家的服务贸易发展现状和竞争力水平，分析东北亚区域服务贸易发展的特征和存在的问题，进而在全球价值链研究的视域下探讨中日韩FTA服务贸易自由化问题，为中日韩FTA的服务贸易开放、东北亚区域服务贸易自由化和区域经济深度一体化建言献策。

3.1 东北亚区域服务贸易的发展现状

从中国、日本、韩国、俄罗斯和蒙古国等东北亚五国在2005—2017年间的服务贸易出口总额来看，中国和日本位列五国中的前两位，韩国第三，俄罗斯第四，蒙古国最低，如图3-1所示。东北亚五国中，服务贸易发展最快的国家当属中国。中国服务贸易出口在2005年还落后于日本，但是从2010年之后开始超过日本，持续到2017年始终在东北亚五国中保持服务贸易出口第一的位置。在东北亚五国中，服务贸易出口最少的国家是蒙古国，其出口额远远落后于中国、日本、韩国和俄罗斯，在图3-1当中几乎没有图形显示，反映出蒙古国的服务业发展水平低、服务贸易出口完全没有竞争优势。除蒙古国之外，四国当中中国和日本服务贸易出口发展势头良好，从2005年起在出口规模上均呈现上升趋势。韩国服务贸易出口额从2005年到2015年保持上升趋势，2016年和2017年均出现下降态势。俄罗斯的服务贸易出口在这一期间表现相对稳定，自2010年之后一直维持在500亿美元左右的出口规模。东北亚五国服务贸易的发展必然依托于本国服务产业的发展水平。从图3-1中的服务贸易出口数据可以判断，在东北亚五国当中，中国、日本、韩国的服务业发展较好，俄罗斯服务业发展比较稳定，而蒙古国的服务业发展水平最低。另外，2016年东北亚五国服务贸易出口额均有所下滑或者增速减缓，中国、韩国和俄罗斯的服务贸易出口额分别同比2015年下降4.2%、2.9%和2.2%，日本和蒙古国的贸易增速相对于2015年与2010年，分别下滑14.1%和25.5%，这主要是受到世界经济复苏动力不足等外部环境的影响。全球航运业陷入低迷，金融市场风险有所上升，新兴市场与发展中国家和地区普遍面临经济不景气的冲击，各国对服务业的开放持审慎态度，全球服务需求明显下滑等，这些外部环境因素导致了2016年东北亚五国的服务贸易出口均出现了下降。但到了2017年随着世界市场环境回暖，东北亚五国的服务贸易出口也随之恢复并回升。

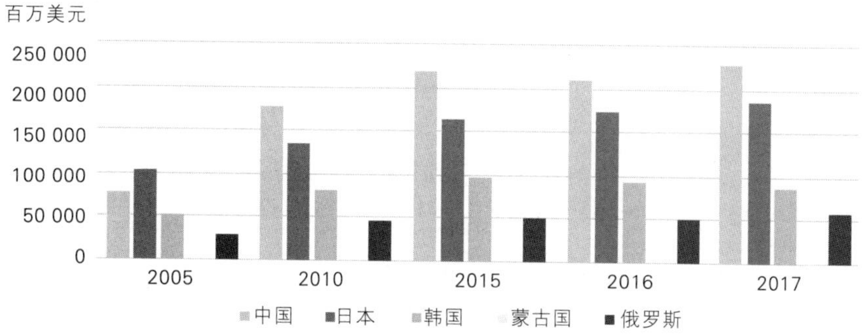

图3-1　2005—2017年东北亚五国服务贸易发展状况

资料来源：UNCTAD Statistic Data Center数据库。

3.2　东北亚区域分行业服务贸易的发展现状

服务贸易按照分类有传统服务贸易部门，即运输业和旅游业，以及新兴服务贸易部门，包括生产性服务业、文化娱乐服务业和政府提供的商品服务业。其中生产性服务业包括加工服务、建筑、保险和养老、金融、知识产权使用费、通信、研发、咨询服务和技术服务。本章将着重从传统服务贸易、新兴服务贸易、生产性服务贸易三个层面考察东北亚五国在这些服务贸易部门的发展情况。

3.2.1　传统服务贸易

五国传统服务贸易的出口额变动情况如图3-2所示。由图可以看出，中国传统服务贸易部门的出口额增长最快，自2005年至2017年同比增长达190.7%；日本、蒙古国和俄罗斯逐年增长，到2017年同比增长幅度分别为81.1%、142.7%和100.5%，而韩国虽然总体增长72.5%，但与2016

年数据相比，2017年传统服务贸易出口额下滑了7.8%。

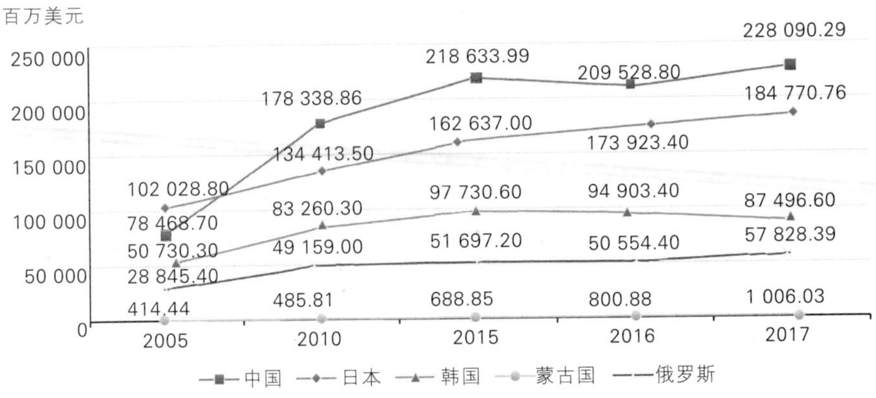

图3-2　2005—2017年东北亚五国传统服务贸易部门的发展状况

资料来源：UNCTAD Statistic Data Center数据库。

（1）运输服务的出口现状

2005—2017年东北亚五国运输服务的出口情况如图3-3所示。可以看出，日本和韩国在2015年之前其运输服务出口分别位列五国当中的第一位和第二位，但是从2010年开始这两个国家的运输服务出口贸易额逐年下跌，相对于2010年，2015年下降幅度分别为16.2%和12.5%，这表明其国际航运业发展遇到了瓶颈。俄罗斯和蒙古国位于亚欧大陆交界处的腹地，依靠便利的地理优势，运输服务业的出口贸易额虽然较其他几个国家处于弱势发展地位，但一直在逐年增长，2005—2017年总体增长幅度分别为117.21%和70.02%，发展态势良好。中国在2015年运输服务业的出口额赶超日本和韩国，达到386亿美元，触及阶段发展高峰后增速放缓，与2015年相比，2016年出口额下降了12.35%，但2017年随着运输服务业回暖，出口增长反弹，与2016年相比，增长了9.69%。2017年，东北亚五国运输服务出口贸易从排名上看，名次顺序依次为中国、日本、韩国、俄罗斯和蒙古国。

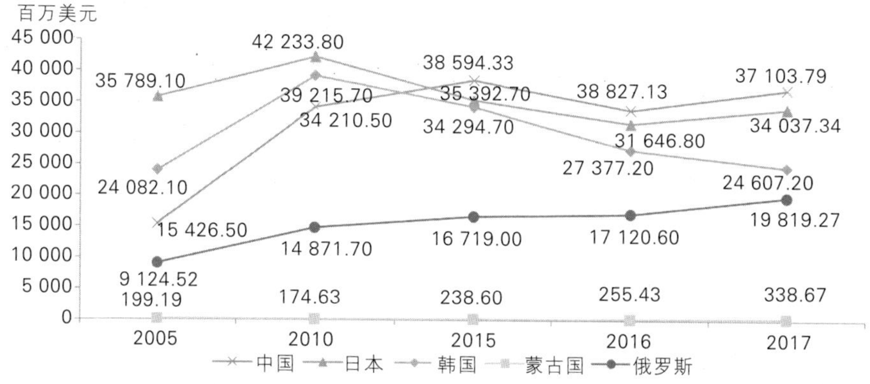

图3-3　2005—2017年东北亚五国运输服务出口状况

资料来源：UNCTAD Statistic Data Center数据库。

（2）旅游服务的出口现状

2005—2017年，东北亚五国的旅游服务贸易出口状况如图3-4所示，中国凭借地大物博的旅游资源优势，稳居旅游服务出口的第一名，其他四国则排名顺序稳定，分别为日本、韩国、俄罗斯和蒙古国。2005年，中国旅游服务出口额最低为293亿美元，远超其他四国，但是从2015年起出口贸易额开始下滑，到2017年，相比2016年下降了12.67%。反观日本、

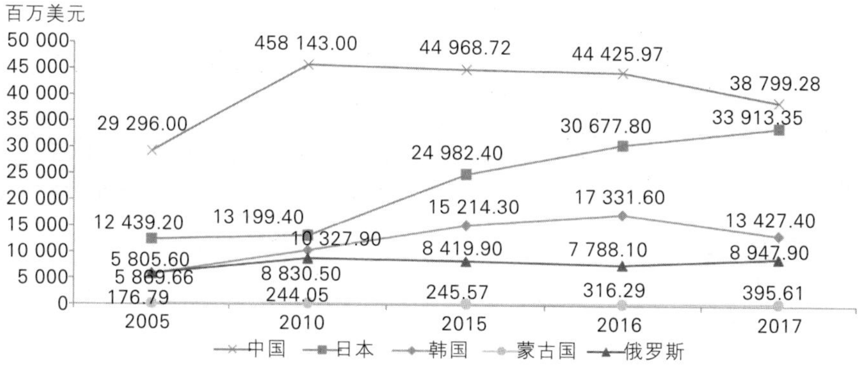

图3-4　2005—2017年东北亚五国旅游服务的出口状况

资料来源：UNCTAD Statistic Data Center数据库。

韩国、俄罗斯和蒙古国，其旅游服务出口基本呈增长态势。特别是日本，在2010年之后增长极快，2017年旅游出口额已达339亿美元，进一步拉近了与中国的距离。韩国则是2016年以前增速较快，2005—2016年总体增长198.53%，但2017年相比2016年下滑了22.53%，旅游出口额只有134.27亿美元。俄罗斯和蒙古国保持逐年缓慢增长，与2005年相比，2017年增长幅度分别为52.44%和123.77%。

3.2.2 新兴服务贸易

2005—2017年，东北亚五国新兴服务贸易部门的发展状况如图3-5所示。总体来看，日本遥遥领先于其他四国，并呈现出逐年持续迅猛发展的态势，出口贸易额从2005年的359亿美元增至2017年的1 107亿美元，打破传统服务业和整体服务业中国领先的格局。这表明日本作为发达经济体，新兴服务业的实力明显，远远超过传统服务业。中国、韩国、蒙古国和俄罗斯的新兴服务业贸易出口额都表现出逐年增长的趋势，相比2005年，2017年分别总体增长了1 000.13%、467.43%、695.80%和119.83%，

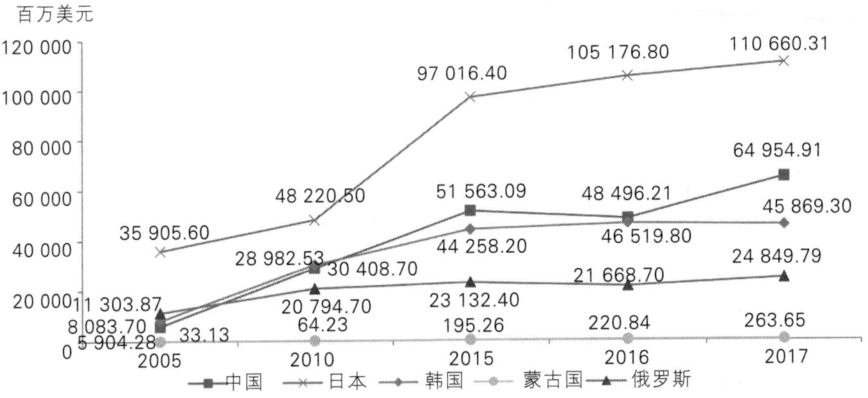

图3-5 2005—2017年东北亚五国新兴服务贸易部门的出口状况

资料来源：UNCTAD Statistic Data Center数据库。

其中中国新兴服务业的出口增长最为显著，从2005年的59亿美元增长至2017年的650亿美元，增幅高达10倍多。韩国和俄罗斯的新兴服务贸易部门的出口也有增长，但是不如中国增长明显。蒙古国在新兴服务业的发展中也取得了进步，但是与其他四国相比，差距仍然很大。

（1）建筑服务的出口现状

东北亚五国的建筑服务出口现状如图3-6所示。可以看出，中国出口优势明显，自2010年开始始终排在出口第一的位置，2017年中国建筑服务出口额达到239亿美元，远超排在第二位的日本。虽然日本的建筑服务出口在2017年以小幅优势超过韩国，但是2010—2016年韩国始终领先于日本，在东北亚五国当中处于建筑服务出口排名第二的位置。从发展趋势看，相比于2015年，中国、韩国、日本、蒙古国和俄罗斯均在2016年出现下滑，分别下降了23.80%、3.71%、12.13%、19.61%和2.92%。但在2017年，除了韩国、蒙古国之外，中国、日本和俄罗斯的建筑服务业都恢复增长，相比2016年增幅分别为88.54%、11.06%和34.07%。总而言之，在东北亚五国中，中日韩三国的建筑服务业发展优势明显，具有显著的出口竞争力。

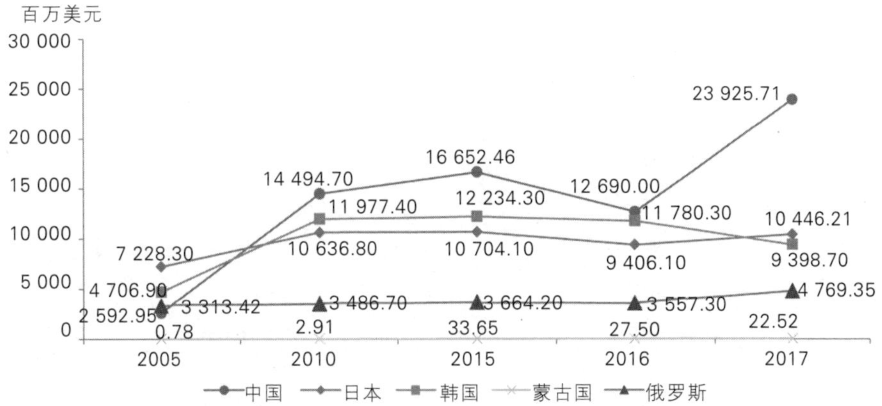

图3-6　2005—2017年东北亚五国建筑服务的出口状况

资料来源：UNCTAD Statistic Data Center数据库。

（2）保险和养老服务的出口现状

东北亚五国的保险和养老服务贸易的出口情况如图3-7所示。可以看出，中国从2010年起远超日本、韩国、俄罗斯和蒙古国四国，位居第一位，尤其在2010—2015年中国的保险和养老服务出口增长迅猛，2015年比2010年增长188.16%，但是在2015年之后出现下降，不过仍然维持在40亿美元以上的出口贸易额水平，依然远高于其他四国。日本和韩国的保险和养老服务出口贸易额逐年平稳递增，相比2005年，2017年的增幅分别为123.79和460.76%。俄罗斯和蒙古国的增速则表现平缓，增幅不尽明显。特别是蒙古国，2005年的保险和养老服务出口仅有232万美元，2015—2017年连续三年出口额为零，表现出这一服务行业在蒙古国处于极低的发展水平。

（3）咨询服务的出口现状

由于中国数据缺失，图3-8仅反映了日本、韩国、俄罗斯和蒙古国的咨询服务贸易情况。可以看到，2005年俄罗斯咨询服务的出口在四国中居于首位，直到2016年后才被日本超越。日本的咨询服务出口贸易增

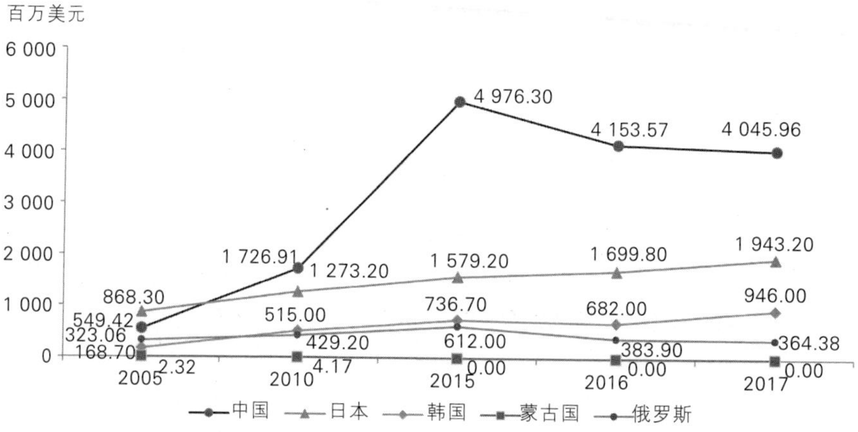

图3-7　2005—2017年东北亚五国保险和养老服务的出口状况

资料来源：UNCTAD Statistic Data Center数据库。

长十分迅速，在2017年达到73.6亿美元，高于俄罗斯的57.3亿美元和韩国的23.7亿美元，位列第一名。蒙古国的咨询服务出口贸易额也有所提升，2017年达到4 927万美元。

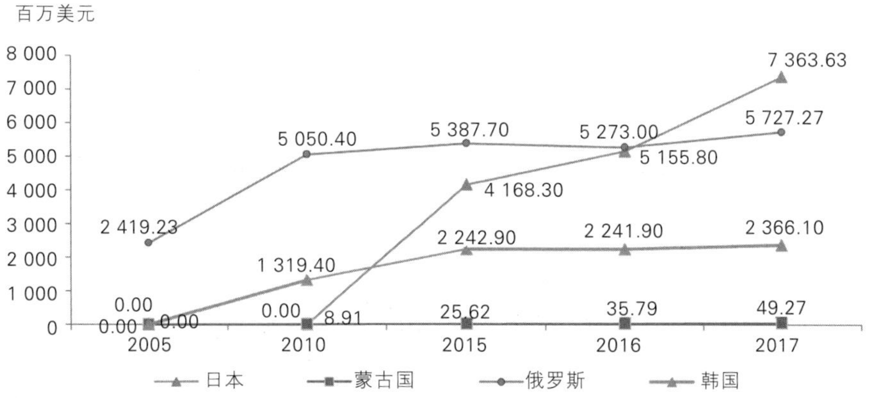

图3-8　2005—2017年东北亚四国咨询服务的出口状况

资料来源：UNCTAD Statistic Data Center数据库。

（4）文化娱乐服务的出口现状

文化娱乐服务业是唯一不属于生产性服务业的新兴服务业部门。从图3-9可知，2010年之前俄罗斯的文化娱乐服务出口处于东北亚五国的首位，表现出较强的出口竞争优势，但是从2010年之后韩国文化娱乐服务业发展迅猛，其文化娱乐服务出口出现大幅上升态势，从2010年的3.96亿美元快速增长至2016年的11.32亿美元，增幅达185.86%，直到2017年才有所下降，文化娱乐出口额为9.15亿美元，比2016年下降了19.15%，低于日本的10.35亿美元。从东北亚五国整体情况来看，2010年之后，韩国、中国和日本的文化娱乐服务均出现高速发展的特征，只有俄罗斯在2010年之后开始出现下降趋势，被韩国、中国和日本相继赶超，自2015年后才有小幅回升，2017年只在东北亚五国中排名第四。2010年后，中国和日本的文化娱乐服务出口增长速度不相上下，但是2016年后中国的增速减缓，而日本依然保持增长，在2017年超过了韩国，在东北亚五国中处于领先地位。蒙古国的文化娱乐服务出口较少，增速也缓慢，2005年出口不到百万美元，2017年出口额也仅有367万美元。

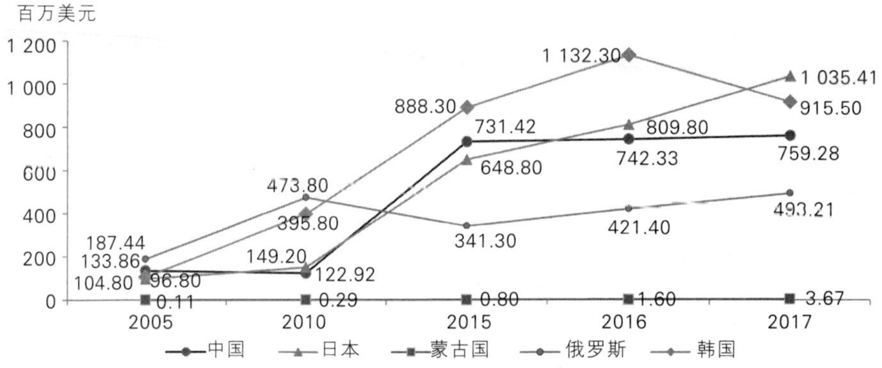

图3-9　2005—2017年东北亚五国文化娱乐服务的出口状况

资料来源：UNCTAD Statistic Data Center数据库。

（5）知识产权使用费的出口现状

东北亚五国的知识产权使用费出口情况如图3-10所示。可以看出，在知识产权使用费服务出口方面，日本是一个拥有较多知识产权的创新型国家，知识产权使用费服务的出口贸易额年均在170亿美元以上，远高于其他四国，而且逐年递增，相比2005年，2017年出口增长了136.81%，表现出极强的竞争优势。韩国排名第二，但是与日本仍存有很大差距。在东北亚五国中，中国的知识产权使用费出口贸易额排在第三位，2016年之前一直与俄罗斯和蒙古国处于出口的低位，2017年才开始出现明显增长，达到47.62亿美元，但还是与韩国的71.38亿美元有近一半的差距。值得一提的是，虽然中国知识产权使用费服务出口起步比较晚，但是与2005年出口额仅有1.57亿美元相比，2017年出口额的增长幅度高达2 925.49%，是2005年出口额的近30倍，这说明中国政府近些年提高了对知识产权出口方面的重视程度。俄罗斯和蒙古国则在知识产权服务出口方面增速缓慢，2005年到2017年间几乎没有太多的变化，始终位于东北亚五国中的第四位和最后一位。

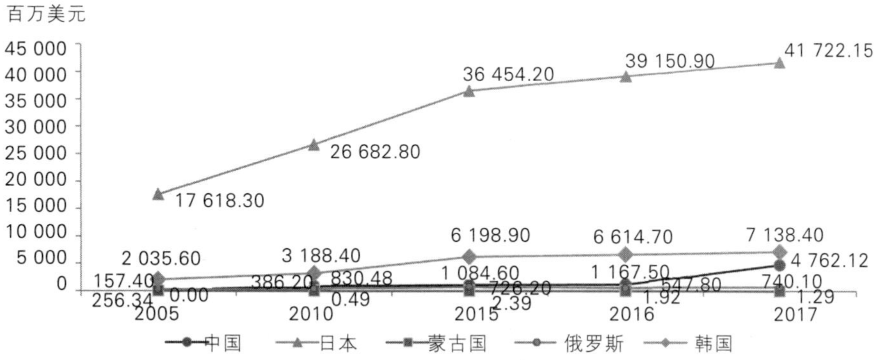

图3-10　2005—2017年东北亚五国知识产权使用费的出口状况

资料来源：UNCTAD Statistic Data Center数据库。

（6）研发服务的出口现状

中国统计数据缺失，其他东北亚四国的研发服务出口情况如图3-11所示。可以看出，日本研发服务出口远超其他三国，而且逐年持续增长，出口额长期维持在350亿美元以上，说明日本在科技创新领域非常发达，处于绝对领先地位。其他三国的研发服务出口均处于较低水平，其中韩国在2015年达到出口高峰值9.89亿美元，之后开始下滑，至2017年研发出口同比下降了25.66%；2005—2017年间俄罗斯研发服务出口平稳，保持在3亿~4.8亿美元的出口规模。蒙古国的研发服务出口能力较弱，直到2017年才实现零的突破，研发服务出口额为152万美元。

（7）金融服务的出口现状

东北亚五国的金融服务出口情况如图3-12所示。可以看出，日本金融服务出口在东北亚五国中的优势十分明显，始终处于第一的位置，日本

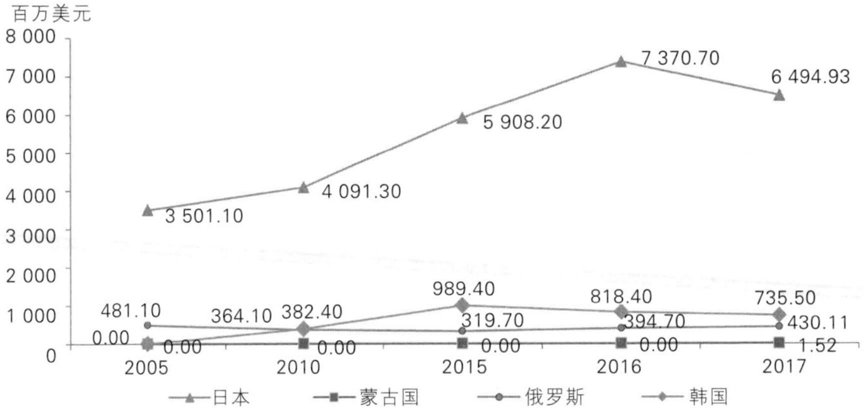

图3-11　2005—2017年东北亚四国研发服务的出口状况

资料来源：UNCTAD Statistic Data Center数据库。

的金融服务除了2010年出口额为361亿美元属于低点之外，在2016年金融服务出口达到116.35亿美元的高峰值，在2017年小幅下降至103.56亿美元。中国金融服务出口增长显著，从2005年的1.45亿美元增长至2017年的36.94亿美元，增幅高达2 447.59%。这说明中国的金融服务业在这一期间得到长足发展，实力显著提升。2017年，韩国金融服务出口22.18亿美元，俄罗斯出口11.32亿美元，蒙古国出口0.3亿美元，在东北亚五国中分别排列于第三、第四和第五位。总体来看，中国、韩国、俄罗斯和蒙古国的金融服务发达程度与日本相比还有非常大的差距。

（8）技术服务的出口现状

中国的数据缺失，其他四国的技术服务出口情况如图3-13所示。可以看出，日本依然处于优势地位，说明日本的技术服务业也很发达，日本技术服务出口在2015—2017年间在东北亚各国中始终处于第一的位置，特别是2010年之后，日本的技术服务出口迅猛增长，2017年的出口贸易额已经增至266亿美元，依次赶超俄罗斯和韩国；韩国的技术服务出口在东北亚五国中排名第二，从2005年开始表现出逐年增长的趋势。2017年

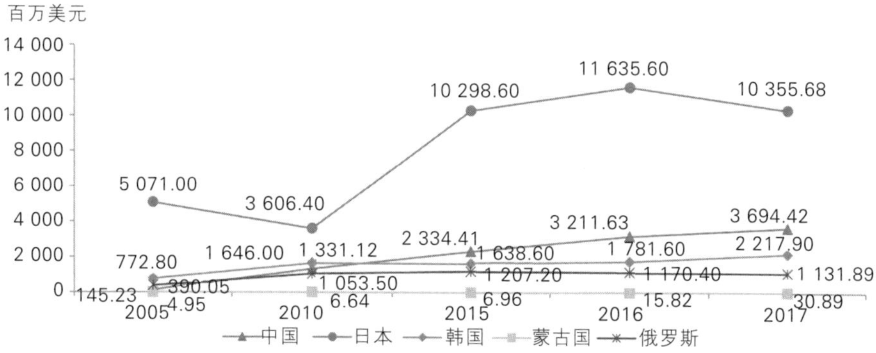

图3-12　2005—2017年东北亚五国金融服务的出口状况

资料来源：UNCTAD Statistic Data Center数据库。

韩国技术服务出口额达到178.5亿美元，处于较高的出口水平；俄罗斯技术服务出口增速缓慢，原先的优势地位逐渐被韩国和日本赶超，2010年增至69.27亿美元后出现下降，2017年技术服务出口额为64.05亿美元；蒙古国技术服务出口也呈现出缓步增长态势，出口贸易额从2005年的974万美元增至2017年的1.26亿美元。

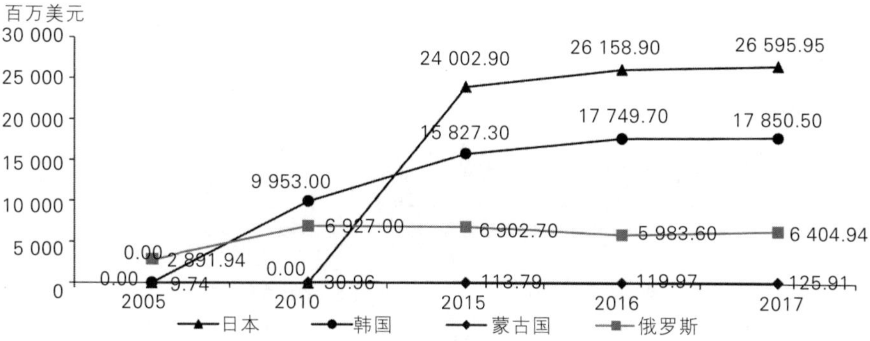

图3-13　2005—2017年东北亚四国技术服务的出口状况

资料来源：UNCTAD Statistic Data Center数据库。

（9）通信服务的出口现状

东北亚五国的通信服务出口情况如图3-14所示。可以看出，中国的通信服务在东北亚五国中出口优势明显，具有十分强的国际竞争力。2005—2017年，中国通信服务出口迅猛增长，从23.25亿美元提高至277.67亿美元，增幅高达1 094.28%。这说明中国通信服务业的发展十分迅速，在东北亚五国中处于行业领先地位。韩国、日本和俄罗斯的通信服务出口贸易额也在逐年增长，但是三国的出口水平不相上下，其中韩国增长幅度明显，2017年出口额与2005年相比增幅高达1 358.36%，日本和俄罗斯同期增幅分别为209.05%和359.87%。值得关注的是，2017年俄罗斯通信服务的出口额以47.89亿美元在东北亚五国中位居第二，日本以47.03亿美元位居第三，韩国以43.01亿美元排名第四。蒙古国的通信服务出口小幅提高，同期出口额从0.15亿美元增长至0.29亿美元，同比增长87.91%。

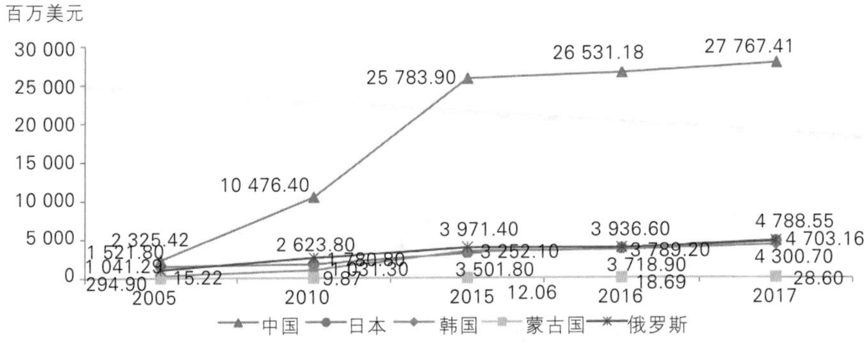

图3-14　2005—2017年东北亚五国通信服务的出口状况

资料来源：UNCTAD Statistic Data Center数据库。

3.2.3　生产性服务贸易

生产性服务贸易是当今全球产业竞争的战略制高点，也是促进经济转型升级的突破口。“生产性服务”一词最早是由Browning和Singelman（1975）提出的。生产性服务又称为生产者服务，它是指在企业尤其是制造业服务外包需求引致下产生的以经济系统中的企业为服务对象的有机整体。生产性服务部门是指作为中间投入为生产创造提供服务或者支持的部门，如金融保险、现代物流等。本书将交通运输、仓储和邮政业、信息传输、软件和信息技术服务业、金融业、租赁和商务服务业、科学研究和技术服务业加总归并为生产性服务业。分析东北亚五国整体的生产性服务出口情况，如图3-15所示。由图可以看出，日本作为新兴服务业的发达经济体，生产性服务出口整体具有十分明显的竞争优势，特别是在2010年之后，日本的生产性服务出口在东北亚五国中处于遥遥领先的位置，其中在2010—2015年出口贸易额急速上升，增幅为100.47%，2015—2017年稳定增长，增幅为13.76%。中国生产性服务贸易的出口表现也较为亮眼，从2005年的57.70亿美元快速增长至2017年的641.96亿美元，总体增长了1 012.49%，相比2005年增长幅度提高了10倍多，在东北亚五国中稳居第二名的位置。韩国也有较大提高，2017年生产性服务出口额达到449.54亿美元，相比2005年的79.79亿美元增幅达463.41%。[①]俄罗斯表现比较平稳，呈缓慢增长趋势，2017年生产性服务出口额243.57亿美元，较之2005年的111.16亿美元增幅达119.10%。蒙古国虽然在东北亚五国中处于最低位置，但是也有较大的发展，其生产性服务贸易出口额2017年达到2.6亿美元，相对于2005年的0.33亿美元增幅高达687.34%，表明蒙古国的生产性服务业发展态势良好，近些年经济实力得到了较大的提升。

① 此增幅比例按图中数据计算，以下数据做同样处理。

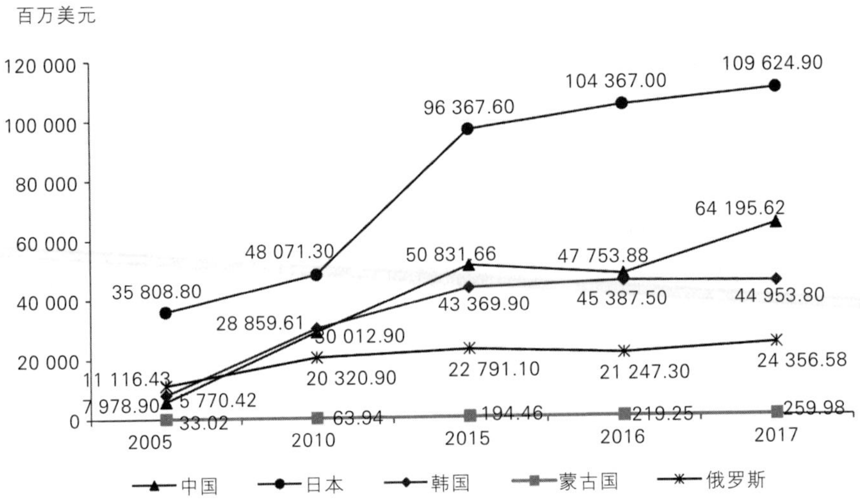

图3-15　2005—2017年东北亚五国生产性服务贸易的出口状况

资料来源：UNCTAD Statistic Data Center数据库。

3.3　东北亚五国服务贸易的国际竞争力分析

前面对东北亚五国服务贸易的出口现状进行了考察，下面进一步分析东北亚各国在服务贸易出口方面表现出的国际竞争力。国际竞争力的评价指标具体包含3个：国际市场占有率（IMS）=一国出口/世界总出口，TC指数=（出口-进口）/（出口+进口），RCA指数=（一国出口/一国总贸易额）/（世界出口/世界总贸易额）。一个产业的国际竞争力大小，最终将表现在该产业的产品在国际市场上的占有率。占有率越高，表示该产品所处的产业所具有的国际竞争力越强，反之则越弱；TC指数是竞争优势指数，也叫贸易竞争力指数，是指一国进出口贸易的差额占其进出口贸易总额的比重。TC取值为（-1，-0.6）时有极大的竞争劣势，取值为（-0.6，-0.3）时有较大的竞争劣势，取值为（-0.3，0）时有微弱的竞争劣势，取值为（0，0.3）时有微弱的竞争优势，取值为（0.3，0.6）时有较强的竞争优势，取值为（0.6，1）时有极强的竞争优势。RCA指数为显示性比较优势指数，它可以反映一个国家（地区）某一产业贸易的比较优势。它通过该产业在该国出口中所占的份额与世界贸易中该产业占世界贸易总额的份额之比来表示，剔除了国家总量波动和世界总量波动的影响，可以较好地反映一个国家某一产业的出口与世界平均出口水平比较来看的相对优势。一般认为，一国RCA指数大于2.5，则表明该国该产业具有极强的国际竞争力；RCA指数介于2.5~1.25之间，表明该国该产业具有很强的国际竞争力；RCA指数介于1.25~0.8之间，则认为该国该产业具有较强的国际竞争力；RCA小于0.8，则表明该国该产业的国际竞争力较弱。

3.3.1 整体服务贸易的国际竞争力

（1）传统服务贸易的国际竞争力

东北亚五国传统服务贸易的IMS指标值情况如表3-1所示。可以看出，五国传统服务贸易的国际竞争力由强到弱依次顺序是中国、日本、韩国、俄罗斯和蒙古国。从时间维度对比可以发现，各国传统服务业的国际市场占有率均在下滑，这说明在传统服务业方面，东北亚各国服务业发展的重心正在发生转移，正在向着以生产性服务业为代表的现代服务业产业结构发展。

表3-1　　东北亚五国的IMS指标值情况

年份	中国	日本	韩国	俄罗斯	蒙古国
2005	0.0465	0.0501	0.0311	0.0156	0.0004
2010	0.0504	0.0349	0.0312	0.0149	0.0003
2015	0.0431	0.0312	0.0255	0.0130	0.0002
2016	0.0408	0.0325	0.0233	0.0130	0.0003
2017	0.0372	0.0333	0.0186	0.0141	0.0004

资料来源：UNCTAD和WTO数据库。

东北亚五国的TC指数值如表3-2所示。可以看出，中国的传统服务贸易在2005—2010年间有微弱的竞争劣势，而2015—2017年TC值在-0.6左右，具有较大的竞争劣势。这与前面中国传统服务贸易出口规模位居东北亚五国首位的表现有所背离，说明中国的传统服务业“大而不强”，在贸易竞争力上不仅低于日本和韩国，而且还低于俄罗斯和蒙古国。2015年之后，日本传统服务贸易出口表现出明显的贸易竞争优势，TC指数均为正值，具有微弱的竞争优势。俄罗斯这几年传统服务贸易的竞争力水平明显提高，从2015年的-0.30提高到2017年的-0.22，超过了韩国，仅位于日本之后。蒙古国2015—2017年传统服务贸易的贸易竞争力表现平稳，几乎没有变化。

表3-2　　东北亚五国的TC指数

年份	中国	日本	韩国	俄罗斯	蒙古国
2005	-0.06	-0.24	-0.10	-0.19	0.16
2010	-0.19	-0.15	0.00	-0.24	-0.14
2015	-0.60	0.03	-0.05	-0.30	-0.23
2016	-0.63	0.05	-0.11	-0.18	-0.23
2017	-0.64	0.08	-0.23	-0.22	-0.23

资料来源：UNCTAD和WTO数据库。

东北亚五国的RCA指数值如表3-3所示。可以看出，各国的数值基本大于0.8。蒙古国的传统服务业在RCA指数上表现出很强的国际竞争力，除了中国和日本在2010—2017年间RCA指数小于1之外，韩国、俄罗斯和蒙古国都超过1，表现出较强的国际竞争力。韩国传统服务贸易的RCA指数在2017年也小于1，国际竞争力有所下降。而俄罗斯和蒙古国依然表现出较强的国际竞争力。这说明中日韩三国的服务业结构已经开始出现调整变化，三国均致力于现代服务业和新兴服务业的发展，由此传统服务业的竞争力在缓步下降，反映出中日韩三国服务业升级的结构性特征。

表3-3　　东北亚五国的RCA指数值

年份	中国	日本	韩国	俄罗斯	蒙古国
2005	1.08	0.90	1.12	0.99	1.73
2010	0.92	0.84	1.22	0.99	1.77
2015	0.87	0.85	1.15	1.11	1.60
2016	0.87	0.83	1.09	1.14	1.65
2017	0.74	0.81	0.96	1.10	1.61

资料来源：UNCTAD和WTO数据库。

（2）新兴服务贸易的国际竞争力

东北亚五国新兴服务贸易的IMS如表3-4所示。可以看出，日本新兴服务贸易的IMS明显高于中国、韩国、俄罗斯和蒙古国，在东北亚五国中处于明显的优势地位。中国和韩国依次排在第二和第三的位置，俄罗斯和蒙古国新兴服务贸易出口的IMS远远低于中日韩三国。在时间维度上，中国和日本的新兴服务业的国际市场占有率在逐年上升，优势逐渐明显。韩国近几年也在稳步提高，但是俄罗斯呈现下滑的趋势，在2017年下降趋势有所减缓。蒙古国新兴服务贸易的IMS很低，几乎为零，波动并不明显。

表3-4　　东北亚五国新兴服务贸易的IMS

年份	中国	日本	韩国	俄罗斯	蒙古国
2005	0.0068	0.0413	0.0093	0.0130	0.0000
2010	0.0174	0.0290	0.0183	0.0125	0.0000
2015	0.0208	0.0392	0.0179	0.0093	0.0001
2016	0.0192	0.0416	0.0184	0.0086	0.0001
2017	0.0262	0.0447	0.0185	0.0100	0.0001

资料来源：UNCTAD和WTO数据库。

东北亚五国新兴服务贸易的TC指数值如表3-5所示。可以看出，东北亚五国新兴服务贸易的国际竞争力普遍不强，TC指数值均小于零。其中，中国、日本、韩国的贸易竞争力相对较强，俄罗斯和蒙古国则相对较弱。从TC指数值来看，中国、日本、韩国三国在新兴服务贸易的竞争力明显提升，2015—2017年间贸易竞争力显著增强。俄罗斯和蒙古国在2017年新兴服务贸易的贸易竞争力水平略微下降。这同样说明中国、日本、韩国三国在发展新兴服务贸易方面成绩显著，虽然与世界服务贸易强国相比仍有较大差距，但是TC指数值的上升说明中日韩三国在现在的服务业结构转型升级中做了巨大努力，也取得了显著成效。

表3-5　　　　东北亚五国新兴服务贸易的TC指数值

年份	中国	日本	韩国	俄罗斯	蒙古国
2005	-0.48	-0.44	-0.09	-0.22	-0.57
2010	-0.16	-0.56	-0.22	-0.25	-0.54
2015	-0.06	-0.42	-0.12	-0.27	-0.52
2016	-0.14	-0.40	-0.08	-0.27	-0.69
2017	-0.06	-0.08	-0.13	-0.26	-0.59

资料来源：UNCTAD和WTO数据库。

东北亚五国新兴服务贸易的RCA指数值如表3-6所示。可以看出，与TC指数一样，RCA指数表现出了同样的国际竞争力特征。2017年日本的RCA指数为1.09，大于1，表现出很强的国际竞争力，在东北亚五国中处于最强地位，其次是韩国，RCA指数为0.96，接近于1，具有较强的国际竞争力，再次是俄罗斯，RCA指数为0.78，位于中国之前，蒙古国的RCA指数最低。中国在新兴服务行业的RCA指数比俄罗斯低，是因为中国现代服务业本身发展刚刚起步。国家统计局数据显示，中国服务业增加值占国民经济的比重在2018年只有52.2%，而根据IMF公布的数据，俄罗斯服务业占国民经济比重超过63%。由此可见，中国服务业，特别是新兴服务贸易的发展，与俄罗斯相比还有一定的距离。但是，从增长速度来看，中国新兴服务贸易RCA指数从2005年的0.16提高至2017年的0.52，表现出较快的增长速度，而俄罗斯几乎没有变化。这反映了中国的新兴服务贸易近些年来发展势头迅猛，正在奋起直追。

表3-6　　东北亚五国新兴服务贸易的RCA指数值

年份	中国	日本	韩国	俄罗斯	蒙古国
2005	0.16	0.74	0.34	0.83	0.17
2010	0.32	0.70	0.71	0.83	0.26
2015	0.42	1.06	0.81	0.80	0.51
2016	0.41	1.06	0.86	0.75	0.48
2017	0.52	1.09	0.96	0.78	0.48

资料来源：UNCTAD和WTO数据库。

（3）生产性服务贸易的国际竞争力

东北亚五国生产性服务贸易的IMS如表3-7所示，表现出了与新兴服务贸易行业相同的特征。因为生产性服务贸易是新兴服务贸易行业中最具有代表性的服务业部门，所以从表3-7中反映出的数值特征与表3-4一致是符合预期的。由表3-7可以看出，东北亚五国生产性服务贸易的国际市场占有率由高到低依次是日本、中国、韩国、俄罗斯和蒙古国，日本依然保持了其生产性服务贸易在东北亚五国中的优势地位。从时间维度来看，各国的国际市场占有率上下波动，变化不大，基本发展平稳。

表3-7　　东北亚五国生产性服务贸易的IMS

年份	中国	日本	韩国	俄罗斯	蒙古国
2005	0.0068	0.0420	0.0094	0.0130	0.0000
2010	0.0176	0.0294	0.0184	0.0124	0.0000
2015	0.0209	0.0395	0.0178	0.0093	0.0001
2016	0.0192	0.0420	0.0182	0.0085	0.0001
2017	0.0263	0.0450	0.0184	0.0100	0.0001

资料来源：UNCTAD和WTO数据库。

东北亚五国生产性服务贸易的TC指数值如表3-8所示。可以看出，东北亚五国生产性服务贸易的TC指数值均小于0，说明与世界发达服务贸易经济体相比普遍不强，处于劣势。但是从TC指数值可以看出，中国和日本的生产性服务贸易竞争力具有较大提升，特别是中国，TC值从2005年的-0.48提高到2017年的-0.05，数值有望在近两年大于0。日本的生产性服务贸易竞争力的提升也非常明显，从2005年的-0.44提高到2017年的-0.08，而韩国、俄罗斯和蒙古国，生产型服务贸易的TC指数值呈现出下降趋势，表现出发展受阻的恶化特征。

表3-8　　东北亚五国生产性服务贸易的TC指数值

年份	中国	日本	韩国	俄罗斯	蒙古国
2005	-0.48	-0.44	-0.09	-0.21	-0.46
2010	-0.15	-0.56	-0.22	-0.25	-0.55
2015	-0.05	-0.42	-0.12	-0.27	-0.52
2016	-0.13	-0.40	-0.09	-0.26	-0.69
2017	-0.05	-0.08	-0.14	-0.25	-0.59

资料来源：UNCTAD和WTO数据库。

东北亚五国的生产性服务贸易RCA指数值如表3-9所示。可以看出，中国和蒙古国的数值均小于0.8，生产性服务业的国际竞争力较弱，而其他三国具有较强的国际竞争力。五国的国际竞争力由强到弱依次为日本、韩国、俄罗斯、蒙古国和中国。从时间维度来看，中国、韩国和日本的竞争相对优势在加强，蒙古国和俄罗斯有些上下波动，趋势不明显。

表3-9　　东北亚五国生产性服务贸易的RCA指数值

年份	中国	日本	韩国	俄罗斯	蒙古国
2005	0.16	0.75	0.34	0.83	0.17
2010	0.32	0.71	0.72	0.82	0.26
2015	0.42	1.07	0.80	0.80	0.51
2016	0.41	1.07	0.86	0.75	0.49
2017	0.52	1.10	0.95	0.78	0.48

资料来源：UNCTAD和WTO数据库。

3.3.2　分行业服务贸易的国际竞争力

（1）中国分行业服务贸易的国际竞争力

中国分行业服务贸易的IMS如表3-10所示。可以看出，2017年中国分行业服务贸易的国际市场占有率由高到低依次是建筑、加工服务、通信、运输、保险、旅游、文化娱乐、知识产权使用费和金融。从时间维度来看，旅游和加工服务的IMS呈现逐年下降趋势，其他服务贸易行业的国际市场占有率在逐年上升，但中间会略有波动，这表明中国大部分服务行业的国际竞争力正在加强。

表3-10　　中国分行业服务贸易出口的IMS

年份	加工服务	旅游	运输	建筑	文化娱乐	金融	保险	知识产权使用费	通信
2005	0.2033	0.0568	0.0346	0.0812	0.0078	0.0008	0.0109	0.0011	0.0239
2010	0.2051	0.0528	0.0475	0.1931	0.0041	0.0042	0.0192	0.0037	0.0445
2015	0.1490	0.0409	0.0460	0.1844	0.0181	0.0055	0.0427	0.0032	0.0630
2016	0.1412	0.0396	0.0424	0.1538	0.0177	0.0075	0.0347	0.0034	0.0630
2017	0.1346	0.0329	0.0431	0.2603	0.0194	0.0082	0.0354	0.0126	0.0616

资料来源：UNCTAD和WTO数据库。

中国分行业服务贸易出口的TC指数值如表3-11所示。可以看出，加工服务具有极强的贸易竞争优势，通信和建筑业有微弱的贸易竞争优势，旅游、保险和知识产权使用费服务具有极大的贸易竞争劣势，文化娱乐服务业存在较大的竞争劣势，其他几项服务贸易具有微弱的竞争劣势。2017年，中国分行业服务贸易出口的TC指数值大于零的行业有加工服务、建筑、金融和通信，说明这几个行业是中国服务贸易出口的竞争优势行业。而旅游、运输、文化娱乐、保险和知识产权使用费的TC指数值小于零，说明这几个行业的贸易竞争力比较弱，特别是旅游和知识产权服务竞争劣势明显。从发展趋势上看，建筑、知识产权使用费和金融服务业的TC指数值在回升，说明其国际竞争劣势在减弱、竞争优势在加强。而其他行业的数值有所下降，需要引起注意。

表3-11　　中国分行业服务贸易出口的TC指数值

年份	加工服务	旅游	运输	建筑	文化娱乐	金融	保险	知识产权使用费	通信
2005	1.00	0.15	−0.30	0.23	−0.07	−0.05	−0.86	−0.94	0.02
2010	0.99	−0.09	−0.30	0.48	−0.50	−0.02	−0.80	−0.88	0.44
2015	0.88	−0.69	−0.38	0.24	−0.44	−0.06	−0.28	−0.91	0.39
2016	0.83	−0.71	−0.41	0.21	−0.49	0.22	−0.51	−0.91	0.36
2017	0.81	−0.74	−0.43	0.47	−0.57	0.39	−0.44	−0.71	0.18

资料来源：UNCTAD和WTO数据库。

中国分行业服务贸易出口的RCA指数值如表3-12所示。可以看出，2017年加工服务和建筑的数值均大于2.5，具有极强的国际竞争力；运输、保险和通信服务业具有较强的国际竞争力，其他行业的国际竞争力则表现较弱。其中，建筑RCA指数值最高，说明其国际竞争力最强。其次是加工服务、通信和运输服务，RCA指数值均超过1，RCA指数值最低的行业是金融服务，此外中国在知识产权使用费和文化娱乐等服务环节国际竞争力水平很低，今后还有很大的发展空间。从时间维度来看，建筑、文化娱乐、金融、保险、知识产权使用费和通信的RCA指数值基本呈现逐年递增趋势，国际市场的相对优势在加强，发展前景可观。相比之下，其余服务行业RCA指数值有所下滑或者波动变化，优势有待加强。

表3-12　　中国分行业服务贸易出口的RCA指数值

年份	加工服务	旅游	运输	建筑	文化娱乐	金融	保险	知识产权使用费	通信
2005	5.82	1.63	0.99	2.33	0.22	0.02	0.31	0.03	0.68
2010	4.97	1.28	1.15	4.68	0.10	0.10	0.47	0.07	1.08
2015	4.13	1.13	1.28	5.12	0.50	0.15	1.18	0.07	1.75
2016	4.18	1.17	0.13	4.55	0.52	0.22	1.03	0.08	1.86
2017	3.69	0.90	1.18	7.14	0.53	0.23	0.97	0.36	1.69

资料来源：UNCTAD和WTO数据库。

（2）日本分行业服务贸易的国际竞争力

日本分行业服务贸易出口的IMS如表3-13所示。2017年各行业的国际竞争力由强到弱依次是建筑、知识产权使用费、研发、运输、旅游、文化娱乐、金融、保险、通信和加工服务业。值得一提的是知识产权使用费，是日本服务贸易中国际市场占有率较高的行业。从时间维度看，加工服务、旅游、文化娱乐的IMS在逐年上升，发展态势良好。其他服务业的IMS波动变化不明显，IMS有待提高。

表3-13　　　　日本分行业服务贸易出口的IMS

年份	加工服务	旅游	运输	建筑	文化娱乐	金融	保险	知识产权使用费	研发	通信
2005	0.0048	0.0241	0.0803	0.2265	0.0056	0.0264	0.0172	0.1275	0.0937	0.0156
2010	0.0048	0.0152	0.0586	0.1417	0.0050	0.0113	0.0142	0.1196	0.0504	0.0076
2015	0.0056	0.0227	0.0422	0.1186	0.0161	0.0243	0.0135	0.1079	0.0448	0.0079
2016	0.0079	0.0273	0.0397	0.1140	0.0193	0.0273	0.0142	0.1134	0.0523	0.0090
2017	0.0078	0.0287	0.0395	0.1137	0.0264	0.0231	0.0170	0.1102	0.0533	0.0104

数据来源：UNCTAD和WTO数据库。

日本分行业服务贸易出口的TC指数值如表3-14所示。可以看出，2017年建筑、金融和知识产权使用费服务的TC指数值大于0，说明这些行业具有一定的竞争优势，但是数值普遍不高反映了日本这些服务贸易行业虽然具有竞争力但是不强。加工服务、运输、文化娱乐、保险、研发、通信服务的TC指数值小于0，说明这些服务部门的贸易竞争力较弱，在国际市场上处于出口竞争劣势。2017年TC指数值反映出日本各行业服务贸易的竞争优势强弱依次是：知识产权使用费、旅游、金融、建筑、文化娱乐、运输、研发、通信、保险和加工服务。从时间维度看，旅游、文化娱乐和知识产权使用费的TC指数值在回升，表明其国际竞争力在加强。其他服务行业数值有波动甚至下滑，国际竞争力的优势在逐渐减弱。

表3-14　　　　日本分行业服务贸易出口的TC指数值

年份	加工服务	旅游	运输	建筑	文化娱乐	金融	保险	知识产权使用费	研发	通信
2005	−0.89	−0.50	−0.06	0.20	−0.84	0.30	−0.38	0.09	−0.34	−0.34
2010	−0.87	−0.36	−0.05	0.15	−0.72	0.07	−0.68	0.17	−0.41	−0.44
2015	−0.79	0.22	−0.07	0.13	−0.33	0.26	−0.50	0.36	−0.48	−0.61
2016	−0.75	0.25	−0.09	0.12	−0.26	0.31	−0.54	0.33	−0.43	−0.57
2017	−0.76	0.30	−0.08	0.11	−0.08	0.22	−0.52	0.34	−0.45	−0.49

资料来源：UNCTAD和WTO数据库。

日本分行业服务贸易出口的RCA指数值如表3-15所示。可以看出，2017年建筑和知识产权使用服务的数值均大于2.5，具有极强的国际竞争力，研发、运输和旅游部门具有很强的国际竞争力，而加工服务、金融、保险、通信服务部门的国际竞争力较弱。由此可见，相比于其他服务贸易部门，日本的金融业、保险业、通信业虽然发展比较成熟，但是事实上的竞争力与其国内其他服务部门相比还有一定差距。可以预见，在中日韩FTA谈判中，这几个部门势必是日本在服务市场开放过程中比较审慎的行业部门。从时间维度看，加工服务、旅游、知识产权使用费和通信的RCA指数值总体趋势是递增的，国际市场的相对优势在加强，发展前景可观。

表3-15　　日本分行业服务贸易出口的RCA指数值

年份	加工服务	旅游	运输	建筑	文化娱乐	金融	保险	知识产权使用费	研发	通信
2005	0.10	0.52	1.74	4.91	0.12	0.57	0.37	2.77	2.03	0.34
2010	0.15	0.48	1.83	4.42	0.15	0.35	0.44	3.73	1.57	0.24
2015	0.16	0.63	1.18	3.31	0.45	0.68	0.38	3.01	1.25	0.22
2016	0.21	0.72	0.10	3.00	0.51	0.72	0.37	2.99	1.38	0.24
2017	0.20	0.72	0.99	2.85	0.66	0.58	0.43	2.77	1.34	0.26

资料来源：UNCTAD和WTO数据库。

（3）韩国分行业服务贸易的国际竞争力

韩国分行业服务贸易的IMS如表3-16所示。可以看出，2017年分行业的国际竞争力由强到弱依次是建筑、技术、运输、文化娱乐、知识产权使用费、加工服务、旅游、通信、保险、咨询、研发和金融。其中，建筑服务IMS最高为0.1023，其次是技术服务，最弱的是金融业。这与日本相似，韩国和日本虽然是发达经济体，但是金融部门与本国其他服务行业相比，竞争力均属于较弱的行业。这些都会为中日韩FTA金融服务自由化谈判带来难度。从时间维度看，咨询、文化娱乐、保险、知识产权使用费、通信和技术的IMS虽个别年份有波动，但总体来看是上升趋势，IMS在不断提高，发展态势良好，其他服务业的IMS波动变化不明显，有的呈下滑趋势。

表3-16　　韩国分行业服务贸易出口的IMS

年份	加工服务	旅游	运输	建筑	咨询	文化娱乐	金融	保险	知识产权使用费	研发	技术	通信
2005	0.0297	0.0112	0.0540	0.1475	0.0000	0.0061	0.0040	0.0033	0.0147	—	—	0.0030
2010	0.0186	0.0119	0.0544	0.1596	0.0063	0.0131	0.0051	0.0057	0.0143	0.0047	0.0357	0.0044
2015	0.0180	0.0138	0.0409	0.1355	0.0071	0.0220	0.0039	0.0063	0.0183	0.0075	0.0350	0.0086
2016	0.0165	0.0154	0.0343	0.1427	0.0067	0.0270	0.0042	0.0057	0.0192	0.0058	0.0394	0.0088
2017	0.0144	0.0114	0.0286	0.1023	0.0082	0.0233	0.0049	0.0083	0.0189	0.0060	0.0492	0.0095

资料来源：UNCTAD和WTO数据库。

韩国分行业服务贸易出口的TC指数值如表3-17所示。可以看出，韩国建筑服务业有极强的竞争优势，这也与IMS反映出的结果一致，文化娱乐、金融、保险和通信具有微弱的竞争优势。加工服务、旅游、咨询、知识产权使用和研发服务具有较大的竞争劣势。在具有服务贸易竞争优势的行业中，建筑的优势最明显，这个部门也被公认是韩国在国际上具有强劲竞争力的行业部门。其次是通信和文化娱乐。竞争劣势的服务贸易行业则有研发、加工服务、咨询、旅游和知识产权使用费。从时间维度看，旅游、咨询、金融、保险、知识产权使用费、技术和通信的TC指数值在回升，国际竞争劣势在减弱。而其他行业TC指数值有波动甚至下滑，国际竞争力的优势在逐渐减弱。

表3-17　　韩国分行业服务贸易出口的TC指数值

年份	加工服务	旅游	运输	建筑	咨询	文化娱乐	金融	保险	知识产权使用费	研发	通信
2005	-0.13	-0.45	0.07	0.69	0.00	-0.15	0.53	-0.63	-0.40	0.00	-0.16
2010	-0.51	-0.29	0.13	0.68	-0.67	-0.24	-0.08	-0.26	-0.48	-0.51	-0.17
2015	-0.51	-0.25	0.07	0.65	-0.41	0.14	-0.02	-0.06	-0.24	-0.50	0.11
2016	-0.51	-0.22	-0.03	0.68	-0.42	0.26	0.02	-0.17	-0.18	-0.58	0.15
2017	-0.57	-0.39	-0.10	0.70	-0.47	0.12	0.10	0.13	-0.13	-0.69	0.15

资料来源：UNCTAD和WTO数据库。

韩国分行业服务贸易的RCA指数值如表3-18所示。可以看出，2017年韩国建筑和技术的RCA指数值均大于2.5，表现出极强的国际竞争力；国际竞争力较强的行业有运输和文化娱乐，RCA指数值均大于1；RCA指数值小于1，表现出较弱竞争力的行业则有加工服务、旅游、咨询、金融、保险、知识产权使用费、研发和通信。从时间维度看，旅游、咨询、文化娱乐、金融、保险、知识产权使用费、技术和通信的RCA指数值虽个别年份有波动，但总体来看是上升趋势，说明国际市场的相对优势在加强，发展前景可观。相比而言，其他的服务行业数值有所下滑或者有波动，优势正在消失。

表3-18　　韩国分行业服务贸易的RCA指数值

年份	加工服务	旅游	运输	建筑	咨询	文化娱乐	金融	保险	知识产权使用费	研发	技术	通信
2005	1.36	0.52	2.48	6.76	0.00	0.28	0.18	0.15	0.68	0.00	0.00	0.14
2010	0.74	0.47	2.15	6.31	0.25	0.52	0.20	0.23	0.57	0.19	1.41	0.17
2015	0.82	0.63	1.87	6.19	0.33	1.01	0.18	0.29	0.84	0.34	1.60	0.39
2016	0.78	0.73	0.16	6.76	0.32	1.28	0.20	0.27	0.91	0.27	1.86	0.42
2017	0.75	0.59	1.49	5.34	0.43	1.22	0.26	0.43	0.99	0.32	2.57	0.50

资料来源：UNCTAD和WTO数据库。

(4) 俄罗斯分行业服务贸易的国际竞争力

俄罗斯分行业服务贸易的IMS如表3-19所示。可以看出，2017年俄罗斯分行业的国际竞争力由强到弱依次是建筑、运输、咨询、加工服务、技术、文化娱乐、通信、旅游、研发、保险、金融和知识产权使用费。俄罗斯从整体来看各行业服务贸易在国际市场的占有率均偏低。从时间维度看，俄罗斯建筑的IMS总体是上升的，发展态势良好。其他服务业的IMS波动变化不明显，而金融、保险等部门呈现下滑趋势，IMS有待提高。

表3-19　　俄罗斯分行业服务贸易出口的IMS

年份	加工服务	旅游	运输	建筑	咨询	文化娱乐	金融	保险	知识产权使用费	研发	技术	通信
2005	0.0354	0.0114	0.0205	0.1038	0.0267	0.0109	0.0020	0.0064	0.0019	0.0129	0.0195	0.0107
2010	0.0337	0.0102	0.0206	0.0465	0.0242	0.0157	0.0033	0.0048	0.0017	0.0045	0.0248	0.0111
2015	0.0162	0.0077	0.0199	0.0406	0.0172	0.0085	0.0028	0.0052	0.0021	0.0024	0.0153	0.0097
2016	0.0188	0.0069	0.0215	0.0431	0.0158	0.0100	0.0027	0.0032	0.0016	0.0028	0.0133	0.0093
2017	0.0187	0.0076	0.0230	0.0519	0.0197	0.0126	0.0025	0.0032	0.0020	0.0035	0.0177	0.0106

资料来源：UNCTAD和WTO数据库。

俄罗斯分行业服务贸易的TC指数值如表3-20所示。可以看出，2017年TC指数值大于0的行业有加工服务、运输、咨询和研发，建筑业2017年的TC指数值大于0，之前年份均小于0。其中，研发的贸易竞争力指数0.54，在所有服务部门中最高，其次是加工服务。俄罗斯的旅游、文化娱乐、金融、保险、知识产权使用费、技术和通信的TC指数值小于0，表现出较弱的国际竞争力。特别是知识产权使用费具有极大的竞争劣势。从时间维度看，建筑、金融和通信服务业的TC指数值总体呈回升趋势，国际竞争劣势在减弱。而其他行业的数值有波动变化甚至下滑，国际竞争力的优势在减弱。

表3-20 俄罗斯分行业服务贸易的TC指数值

年份	加工服务	旅游	运输	建筑	咨询	文化娱乐	金融	保险	知识产权使用费	研发	技术	通信
2005	0.41	−0.49	0.29	−0.13	0.07	−0.40	−0.56	−0.37	−0.71	0.62	−0.24	−0.07
2010	0.63	−0.50	0.11	−0.14	0.08	−0.36	−0.43	−0.40	−0.85	0.66	−0.24	−0.20
2015	0.27	−0.61	0.18	−0.14	0.05	−0.52	−0.25	−0.39	−0.77	0.33	−0.32	−0.16
2016	0.30	−0.51	0.19	−0.03	0.06	−0.42	−0.27	−0.43	−0.80	0.41	−0.36	−0.16
2017	0.26	−0.55	0.17	0.03	0.03	−0.49	−0.33	−0.55	−0.78	0.54	−0.37	−0.05

资料来源：UNCTAD和WTO数据库。

俄罗斯分行业服务贸易的RCA指数值如表3-21所示。可以看出，2017年建筑服务的数值大于2.5，具有极强的国际竞争力；加工服务、运输、咨询和技术的RCA指数值大于1，表现出较很强的国际竞争力；文化娱乐RCA指数值为1，说明其具有较强的国际竞争力；而其他行业国际竞争力较弱。从时间维度看，运输、文化娱乐、金融、知识产权使用费和通信的数值个别年份虽有波动，但总体趋势是上升的，国际市场的相对优势在加强。相比而言其他服务行业数值有所下滑或者有波动，优势稍显不足。

表3-21 俄罗斯分行业服务贸易的RCA指数值

年份	加工服务	旅游	运输	建筑	咨询	文化娱乐	金融	保险	知识产权使用费	研发	技术	通信
2005	2.26	0.73	1.31	6.64	1.71	0.70	0.13	0.41	0.12	0.82	1.25	0.68
2010	2.26	0.68	1.38	3.11	1.62	1.05	0.22	0.32	0.12	0.30	1.66	0.75
2015	1.41	0.66	1.73	3.52	1.49	0.73	0.25	0.46	0.19	0.21	1.33	0.84
2016	1.68	0.62	0.19	3.86	1.42	0.90	0.25	0.29	0.14	0.25	1.19	0.84
2017	1.48	0.60	1.83	4.12	1.57	1.00	0.20	0.25	0.16	0.28	1.40	0.84

资料来源：UNCTAD和WTO数据库。

（5）蒙古国分行业服务贸易的国际竞争力

蒙古国分行业服务贸易的IMS如表3-22所示。可以看出，蒙古国各行业的IMS都很小，几乎为零，说明蒙古国服务贸易各部门的国际竞争力都很弱，反映出其服务业发展基础薄弱，这与蒙古国自身的经济发展水平低具有密切关系。从时间维度看，运输、技术、文化娱乐和金融的IMS在逐年上升，表现出了良好发展态势，其他服务业的IMS波动变化不明显，有的呈下滑趋势，IMS有待提高。

表3-22　　蒙古国分行业服务贸易的IMS

年份	加工服务	旅游	运输	建筑	文化娱乐	金融	保险	知识产权使用费	研发	技术	通信
2005	0.0000	0.0003	0.0004	0.0000	0.0000	0.0000	0.0000	0.0000	0.0000	0.0001	0.0002
2010	0.0000	0.0003	0.0002	0.0000	0.0000	0.0000	0.0000	0.0000	0.0000	0.0001	0.0000
2015	0.0000	0.0002	0.0003	0.0004	0.0000	0.0000	0.0000	0.0000	0.0000	0.0003	0.0000
2016	0.0000	0.0003	0.0003	0.0003	0.0000	0.0000	0.0000	0.0000	0.0000	0.0003	0.0000
2017	0.0000	0.0003	0.0004	0.0002	0.0001	0.0001	0.0000	0.0000	0.0000	0.0003	0.0001

资料来源：UNCTAD和WTO数据库。

蒙古国分行业服务贸易的TC指数值如表3-23所示。可以看出，和IMS指标一样，表现出了相同特征，各行业的TC指数值基本为负值，说明竞争优势十分微弱。建筑、咨询、保险、知识产权使用费有极大的竞争劣势，加工服务、技术和通信具有较大的竞争劣势，其他几个行业具有微弱的竞争劣势。从时间维度看，旅游、文化娱乐、研发和技术服务的TC指数值总体上在回升，国际竞争劣势在减弱。而其他行业数值波动变化甚至下滑，国际竞争力的优势在减弱。

表3-23　　蒙古国分行业服务贸易的TC指数值

年份	加工服务	旅游	运输	建筑	咨询	文化娱乐	金融	保险	知识产权使用费	研发	技术	通信
2005	0.00	0.17	0.15	−0.64	0.00	−0.99	−0.23	−0.57	0.00	0.00	−0.63	−0.25
2010	−1.00	−0.04	−0.24	−0.40	−0.64	−0.20	−0.20	−0.65	−0.68	0.00	−0.52	−0.52
2015	0.41	−0.26	−0.18	−0.55	−0.73	−0.69	−0.79	−1.00	−0.73	0.00	−0.13	−0.75
2016	−0.09	−0.21	−0.26	−0.72	−0.75	0.19	−0.87	−1.00	−0.86	0.00	−0.56	−0.65
2017	−0.51	−0.15	−0.30	−0.83	−0.60	0.52	−0.36	−1.00	−0.85	0.28	−0.51	−0.43

资料来源：UNCTAD和WTO数据库。

蒙古国分行业服务贸易的RCA指数值如表3-24所示。可以看出，2017年旅游、运输、技术的RCA指数值大于1.25，表现出较强的国际竞争力，而其他服务行业，如加工服务、文化娱乐、金融、保险、知识产权使用费、研发、通信等部门的国际竞争力都比较弱。从时间维度看，咨询、文化娱乐、金融、研发和技术的RCA指数值总体来看呈上升趋势，国际市场的相对优势在加强，发展前景较好。相比而言，其他服务行业数值有所下滑或者呈波动变化态势，优势稍显不足。

表3-24　　蒙古国分行业服务贸易的RCA指数值

年份	加工服务	旅游	运输	建筑	咨询	文化娱乐	金融	保险	知识产权使用费	研发	技术	通信
2005	0.00	1.53	2.00	0.11	0.00	0.03	0.12	0.21	0.00	0.00	0.29	0.70
2010	0.00	1.90	1.63	0.26	0.29	0.06	0.14	0.31	0.01	0.00	0.75	0.28
2015	0.26	1.44	1.83	2.40	0.53	0.13	0.11	0.00	0.05	0.00	1.62	0.19
2016	0.18	1.57	0.18	1.83	0.60	0.21	0.21	0.00	0.03	0.00	1.48	0.25
2017	0.14	1.51	1.77	1.10	0.76	0.42	0.31	0.00	0.02	0.06	1.56	0.29

资料来源：UNCTAD和WTO数据库。

3.4 东北亚五国服务贸易发展的特征和存在的问题

3.4.1 中国服务贸易发展的特征和存在的问题

2017年中国分行业服务贸易的国际市场占有率由高到低依次是建筑、加工服务、通信、运输、保险、旅游、文化娱乐、知识产权使用费和金融。从中国服务贸易出口的贸易竞争力指数值来看，加工服务具有极强的贸易竞争优势，通信和建筑服务业有微弱的贸易竞争优势。而旅游、保险和知识产权使用费服务具有极大的贸易竞争劣势，文化娱乐服务业存在较大的竞争劣势，剩余的服务贸易部门具有微弱的竞争劣势。2017年中国服务贸易各行业中贸易竞争力指数大于零的部门有加工服务、建筑、金融和通信，说明这几个部门是中国服务贸易出口的竞争优势部门。而旅游、运输、文化娱乐、保险和知识产权使用费的TC指数小于零，说明这几个部门的贸易竞争力比较弱，特别是旅游和知识产权服务竞争劣势明显，以后这几个部门在服务业发展中需要针对性对待，加强行业竞争力。从中国分行业服务贸易的RCA指数来看，加工服务和建筑的数值均大于2.5，具有极强的国际竞争力。运输、保险和通信具有较强的国际竞争力，其他行业的国际竞争力则表现较弱。建筑RCA指数最高，说明其国际竞争力最强，其次是加工服务、通信和运输服务，RCA值均超过1，RCA值明显偏低的行业是金融和知识产权使用费，反映了中国在金融、知识产权使用费、专利许可等服务环节的国际竞争力水平较弱，今后还有很大的发展空间。另外，中国在咨询、技术等方面的服务相比日本和韩国还有较大的差距。

3.4.2 日本服务贸易发展的特征和存在的问题

日本分行业服务贸易的IMS显示，各行业的国际竞争力由强到弱依次是建筑、知识产权使用费、研发服务、运输、旅游、文化娱乐、金融、保险、通信和加工服务业。特别是建筑，是日本服务贸易中IMS最大的服务行业。从日本服务贸易的分行业TC指数来看，建筑、金融和知识产权使用费的TC值大于0，说明这些行业具有一定的竞争优势，但是数值普遍不高反映了日本这些服务贸易行业虽然具有竞争力但是却不强。加工服务、运输、文化娱乐、保险、研发和通信的TC指数小于0，说明这些服务行业的贸易竞争力较弱，在国际市场上处于出口竞争劣势。2017年TC指数反映出日本分行业服务贸易的竞争优势强弱依次是知识产权使用费、旅游、金融、建筑、文化娱乐、运输、研发、通信、保险和加工服务。从日本分行业服务贸易的RCA指数值来看，2017年建筑和知识产权使用费服务的数值均大于2.5，具有极强的国际竞争力，这与TC指数也是对应的。研发、运输和旅游具有很强的国际竞争力，而加工服务、金融、保险、通信等行业的国际竞争力较弱。由此可见，相比于其他服务贸易行业，日本的金融、保险、通信等行业虽然发展比较成熟，但是事实上的竞争力与其国内其他服务行业相比还有一定的差距。可以预见，在中日韩FTA谈判中，这几个行业势必是日本在服务市场开放过程中比较审慎的行业。

3.4.3 韩国服务贸易发展的特征和存在的问题

韩国分行业服务贸易的IMS显示，2017年各行业的国际竞争力由强到弱依次是建筑、技术、运输、文化娱乐、知识产权使用费、加工服务、旅游、通信、保险、咨询、研发和金融。其中，建筑的IMS值最高为0.1023，其次是技术服务，最弱的是金融业。这点与日本相似，韩国和日本虽然是发达经济体，但是金融业与本国其他服务行业相比，竞争力均属于较弱的行业。这些都会为中日韩FTA金融服务自由化谈判带来难度。但是，韩国的技术服务在东北亚五国中表现突出，是竞争力第二强的行业。对比分析韩国分行业服务贸易的贸易竞争力指数，韩国建筑服务业有极强的竞争优势，这也与IMS值反映出的结果一致，文化娱乐、金融、保险和通信具有微弱的竞争优势。加工服务、旅游、咨询、知识产权使用费和研发具有较大的竞争劣势。在服务贸易竞争优势部门中，建筑服务的优势最明显，这个行业也被公认是韩国在国际上具有强劲竞争力的行业，其次是通信和文化娱乐。竞争劣势的行业则有研发、加工服务、咨询、旅游和知识产权使用费。分析韩国分行业服务贸易的RCA指数值，建筑和技术服务的RCA指数值均大于2.5，表现出极强的国际竞争力。具有较强国际竞争力的行业有运输、文化娱乐，RCA值均大于1；RCA值小于1，表现出较弱竞争力的行业则有加工服务、旅游、咨询、金融、保险、知识产权使用费、研发和通信，均与TC值的结果对应。

3.4.4 俄罗斯服务贸易发展的特征和存在的问题

俄罗斯分行业服务贸易的IMS显示，2017年各行业的国际竞争力由强到弱依次是建筑、运输、咨询、加工服务、技术、文化娱乐、通信、旅游、研发、保险、金融和知识产权使用费。从IMS可以看出，俄罗斯各行业服务贸易在国际市场的占有率均偏低。从时间趋势来看，俄罗斯建筑的IMS总体呈上升趋势，发展态势良好。其他服务业的IMS波动变化不明显，诸如金融、保险等部门呈现下滑趋势，IMS有待提高。俄罗斯分行业服务贸易的TC值大于0的行业有加工服务、运输、咨询和研发，建筑业在2017年TC值大于0，之前年份均小于0。其中，研发行业的贸易竞争力指数0.54，在所有行业中最高，其次是加工服务。俄罗斯的旅游、文化娱乐、金融、保险、知识产权使用费、技术服务和通信的TC值小于0，表现出较弱的国际竞争力。从俄罗斯分行业服务贸易的RCA数值可以看出，建筑服务的数值大于2.5，具有极强的国际竞争力。加工服务、运输、咨询和技术服务的RCA值大于1，表现出较很强的国际竞争力，这里技术服务的RCA值特征虽然与TC值不同，但是因为RCA指标衡量的是世界市场的竞争力水平，相对于TC指数衡量国内市场竞争力而言，更具有参考性。

3.4.5 蒙古国服务贸易发展的特征和存在的问题

蒙古国分行业服务贸易的IMS显示，各部门的IMS很小，几乎为零，说明蒙古国服务贸易各部门的国际竞争力都很弱，反映出其服务业发展基础薄弱，这也与蒙古国自身的经济发展水平低有密切关系。蒙古国分行业服务贸易的TC值也和IMS指标一样，表现出同样特征。各行业的TC值基本为负值，2017年只有文化娱乐和研发的RCA指数大于0，说明有微弱的竞争优势。而建筑、咨询、保险、知识产权使用费的TC值接近或等于-1，表现出极大的竞争劣势；加工服务、技术和通信的TC值在-0.5左右，具有较大的竞争劣势。从蒙古国服务贸易分行业的RCA数值来看，2017年旅游、运输和技术的RCA数值大于1.25，表现出较强的国际竞争力，而其他服务部门，如加工服务、文娱娱乐、金融、保险、知识产权使用费、研发等部门的国际竞争力都比较弱。总而言之，不管是国际市场占有率、贸易竞争力还是显示性比较优势指数，蒙古国与其他四国相比都有非常大的发展差距。

3.5 全球价值链视域下中日韩FTA的服务贸易自由化

2016年3月5日，第十二届全国人民代表大会第四次会议审议通过了《中国政府工作报告》。报告中强调推进新一轮高水平对外开放，着力实现合作共赢，并明确要求加快实施自由贸易区战略，加快中日韩自贸区谈判。中日韩FTA自2012年11月举行首轮谈判以来，截止到2019年6月，已经进行至第十五轮。三方均认为，中日韩FTA的达成有助于充分发挥三国间的产业互补性优势，挖掘提升三国贸易投资水平的潜力，促进区域价值链进一步衔接，有利于本地区的繁荣与发展。中日韩作为东北亚经济圈的主要经济体，根据国际货币基金组织（IMF）的数据，三国人口总和超过亚洲的1/3、世界的1/5；2015年世界GDP总量为77.3万亿美元，三国经济总量占到亚洲的70%、世界的21%；对外贸易总额和对外投资总额均占到世界的20%。中日韩FTA如果达成，将出现一个人口超过15亿、经济规模超过16万亿美元的巨大市场，不仅会在此基础上推动整个东亚乃至亚洲区域形成FTA，也会影响全球的贸易自由化格局。

随着全球经济一体化的蓬勃发展，国际市场竞争逐渐体现以服务贸易竞争为核心。因为相对于制造业而言，服务业（例如通信、金融、技术、研发设计、物流和营销等行业）会给一国带来更高的附加值。从全球价值链的视角看，服务业作为国际分工体系中的重要环节，其发展程度影响一国在全球价值链分工中的地位以及可以获取的贸易利益。从贸易政策的视角看，贸易自由化不仅为服务贸易发展创造良好的外部条件，而且是推动服务贸易内部比较优势与动态比较优势结合的外在动力。中日韩FTA作为中国的“在谈自贸区”，随着谈判内容的不断深入，其服务贸易相关领域的谈判将对中日韩三国能否达成全面开放、高水平的自由贸易协定产生至关紧要的影响。众所周知，翔实可靠的贸易数据统计和国际竞争力比较，是进行贸易谈判、承诺减让和产业部门开放的量化参考标准之一。而当前对国际贸易的统计，无论是货物贸易还是服务贸易，都基于传统的总值贸易统计方法，关于国际竞争力的研究也大多基于总值贸易核算方法测算（王直等，2015）。该方法不但存在贸易数据的重复计算，而且忽略了隐含在货物贸易中的服务成分，忽视了当前国际分工中以全球价值链为主导的交易特征，从而可能低估了各国产业的国际竞争力或者高估了其贸易利益。因此，以总值为基础的官方贸易统计存在着严重偏差，已不能反映当前以全球价值链为基础的国际贸易的实际情况（WTO，2015；Elms和

Low，2013）。那么从全球价值链的视阈看，中日韩服务贸易的出口增加值真实状况如何？三国服务贸易的真实国际竞争力如何评价？在中日韩FTA谈判中，如何确定服务贸易的承诺开放部门和承诺减让水平？这些问题都值得我们深入研究。

3.5.1 中日韩服务贸易的国际竞争力评价

（1）中日韩服务贸易出口增加值的核算方法

本书使用的投入产出数据来自欧盟委员会的世界投入产出数据库（World Input-Output Database，WIOD）和OECD的TiVA数据库。WIOD数据以各国的供给–使用表（national supply and use tables）为基础，涵盖了1995—2014年间世界40个主要国家和地区[①]的35个行业[②]和59种产品的国家（地区）投入产出数据；它根据产品用途将产品分为中间投入品和最终消费品，且包括了服务部门的投入品贸易数据，可以用于分析服务贸易，呈现出供应链全球化时代更加真实的贸易流动状况，提高了国别和地区之间的可比性。OECD的TiVA数据库以WIOD数据为依托，将国际投入产出表数据更新到2015年。

国际投入产出表（ICIO tables）的本质是将里昂惕夫投入产出表拓展至多国（地区）情形。本书研究中日韩三国服务贸易的增加值情况，将世界上其他国家（地区）作为一个国家（地区）来处理，构建中日韩三国间国际投入产出表，如表3-25所示，表格的水平方向表示三国各部门产品作为中间投入品和最终消费品的使用情况，垂直方向表示三国各部门在产品生产过程中要素的中间投入和增加值。

① 这40个国家和地区包括欧盟27国、土耳其、加拿大、美国、墨西哥、日本、韩国、澳大利亚、巴西、俄罗斯、印度、印度尼西亚、中国大陆及台湾地区。这40个国家及地区的生产总值占到了世界GDP的85%，因此能较好地反映全球间的经贸活动。

② 这35个行业包括了1个农业部门、16个制造业部门和18个服务业部门。

表3-25　　　　　　　　　中日韩国际投入产出表

投入		中间投入品				最终消费品				总产出
		中国	日本	韩国	其他国家（地区）	中国	日本	韩国	其他国家（地区）	
中间投入	中国	X_{11}	X_{12}	X_{13}	X_{1n}	Y_{11}	Y_{12}	Y_{13}	Y_{1n}	X_1
	日本	X_{21}	X_{22}	X_{23}	X_{2n}	Y_{21}	Y_{22}	Y_{23}	Y_{2n}	X_2
	韩国	X_{31}	X_{32}	X_{33}	X_{3n}	Y_{31}	Y_{32}	Y_{33}	Y_{3n}	X_3
	其他国家（地区）	X_{n1}	X_{n2}	X_{n3}	X_{nn}	Y_{n1}	Y_{n2}	Y_{n3}	Y_{nn}	X_n
增加值		V_1	V_2	V_3	V_n					
总投入		X_1	X_2	X_3	X_n					

一国（地区）生产的所有产品既可以用作本国（地区）和外国（地区）的中间投入品，又可以作为本国（地区）和外国（地区）的最终消费品，用公式表示为：

$$X_r = A_{rr}X_r + Y_{rr} + A_{rs}X_s + Y_{rs} \quad r，s=1，2 \tag{3.1}$$

X_r是r国（地区）的总产出向量，A_{rr}是r国（地区）的投入产出系数（直接消耗系数）矩阵，Y_{rs}是r国（地区）出口到s国（地区）的最终消费品。为测算中日韩三国服务贸易部门的贸易增加值，我们建立四国（地区）间的国际投入产出模型如下：

$$\begin{bmatrix} X_1 \\ X_2 \\ X_3 \\ X_4 \end{bmatrix} = \begin{bmatrix} A_{11} & A_{12} & A_{13} & A_{14} \\ A_{21} & A_{22} & A_{23} & A_{24} \\ A_{31} & A_{32} & A_{33} & A_{34} \\ A_{41} & A_{42} & A_{43} & A_{44} \end{bmatrix} \begin{bmatrix} X_1 \\ X_2 \\ X_3 \\ X_4 \end{bmatrix} + \begin{bmatrix} Y_{11}+Y_{12}+Y_{13}+Y_{14} \\ Y_{21}+Y_{22}+Y_{23}+Y_{24} \\ Y_{31}+Y_{32}+Y_{33}+Y_{34} \\ Y_{41}+Y_{42}+Y_{43}+Y_{44} \end{bmatrix}$$

$$\begin{aligned} \begin{bmatrix} X_1 \\ X_2 \\ X_3 \\ X_4 \end{bmatrix} &= \begin{bmatrix} I-A_{11} & -A_{12} & -A_{13} & -A_{14} \\ -A_{21} & I-A_{22} & -A_{23} & -A_{24} \\ -A_{31} & -A_{32} & I-A_{33} & -A_{34} \\ -A_{41} & -A_{42} & -A_{43} & I-A_{44} \end{bmatrix} \begin{bmatrix} Y_{11}+Y_{12}+Y_{13}+Y_{14} \\ Y_{21}+Y_{22}+Y_{23}+Y_{24} \\ Y_{31}+Y_{32}+Y_{33}+Y_{34} \\ Y_{41}+Y_{42}+Y_{43}+Y_{44} \end{bmatrix} \\ &= \begin{bmatrix} B_{11} & B_{12} & B_{13} & B_{14} \\ B_{21} & B_{22} & B_{23} & B_{24} \\ B_{31} & B_{32} & B_{33} & B_{34} \\ B_{41} & B_{42} & B_{43} & B_{44} \end{bmatrix} \begin{bmatrix} Y_1 \\ Y_2 \\ Y_3 \\ Y_4 \end{bmatrix} \\ &= (I-A)^{-1}Y \end{aligned} \tag{3.2}$$

其中，B_{rs}为$n\times n$阶里昂惕夫逆矩阵（也称完全消耗系数矩阵），它表示s国（地区）每增加一单位的最终需求，r国（地区）生产总产出需要提供多少，Y_r表示r国（地区）的最终需求向量。设V_r是直接增加值系数矩阵，是对角矩阵，V_r中每个元素表示总出口中的国家（地区）内直接价值增值份额，则增加值系数矩阵表示为：

$$V=\begin{bmatrix} \mathrm{V}_1 & 0 & 0 & 0 \\ 0 & \mathrm{V}_2 & 0 & 0 \\ 0 & 0 & \mathrm{V}_3 & 0 \\ 0 & 0 & 0 & \mathrm{V}_4 \end{bmatrix} \tag{3.3}$$

计算四国（地区）模型的增加值贸易矩阵为：

$$\begin{aligned} VX &= \begin{bmatrix} V_1 & 0 & 0 & 0 \\ 0 & V_2 & 0 & 0 \\ 0 & 0 & V_3 & 0 \\ 0 & 0 & 0 & V_4 \end{bmatrix} \begin{bmatrix} X_{11} & X_{12} & X_{13} & X_{14} \\ X_{21} & X_{22} & X_{23} & X_{24} \\ X_{31} & X_{32} & X_{33} & X_{34} \\ X_{41} & X_{42} & X_{43} & X_{44} \end{bmatrix} \\ &= \begin{bmatrix} V_1 & 0 & 0 & 0 \\ 0 & V_2 & 0 & 0 \\ 0 & 0 & V_3 & 0 \\ 0 & 0 & 0 & V_4 \end{bmatrix} \begin{bmatrix} B_{11} & B_{12} & B_{13} & B_{14} \\ B_{21} & B_{22} & B_{23} & B_{24} \\ B_{31} & B_{32} & B_{33} & B_{34} \\ B_{41} & B_{42} & B_{43} & B_{44} \end{bmatrix} \begin{bmatrix} Y_{11}+Y_{12}+Y_{13}+Y_{14} \\ Y_{21}+Y_{22}+Y_{23}+Y_{24} \\ Y_{31}+Y_{32}+Y_{33}+Y_{34} \\ Y_{41}+Y_{42}+Y_{43}+Y_{44} \end{bmatrix} \\ &= \begin{bmatrix} V_1B_{11}Y_{11}+V_1B_{12}Y_{21}+V_1B_{13}Y_{31}+V_1B_{14}Y_{41} & V_1B_{11}Y_{12}+V_1B_{12}Y_{22}+V_1B_{13}Y_{32}+V_1B_{14}Y_{42} & V_1B_{11}Y_{13}+V_1B_{12}Y_{23}+V_1B_{13}Y_{33}+V_1B_{14}Y_{43} & V_1B_{11}Y_{14}+V_1B_{12}Y_{24}+V_1B_{13}Y_{34}+V_1B_{14}Y_{44} \\ V_2B_{21}Y_{11}+V_2B_{22}Y_{21}+V_2B_{23}Y_{31}+V_2B_{24}Y_{41} & V_2B_{21}Y_{12}+V_2B_{22}Y_{22}+V_2B_{23}Y_{32}+V_2B_{24}Y_{42} & V_2B_{21}Y_{13}+V_2B_{22}Y_{23}+V_2B_{23}Y_{33}+V_2B_{24}Y_{43} & V_2B_{21}Y_{14}+V_2B_{22}Y_{24}+V_2B_{23}Y_{34}+V_2B_{24}Y_{44} \\ V_3B_{31}Y_{11}+V_3B_{32}Y_{21}+V_3B_{33}Y_{31}+V_3B_{34}Y_{41} & V_3B_{31}Y_{12}+V_3B_{32}Y_{22}+V_3B_{33}Y_{32}+V_3B_{34}Y_{42} & V_3B_{31}Y_{13}+V_3B_{32}Y_{23}+V_3B_{33}Y_{33}+V_3B_{34}Y_{43} & V_3B_{31}Y_{14}+V_3B_{32}Y_{24}+V_3B_{33}Y_{34}+V_3B_{34}Y_{44} \\ V_4B_{41}Y_{11}+V_4B_{42}Y_{21}+V_4B_{43}Y_{31}+V_4B_{44}Y_{41} & V_4B_{41}Y_{12}+V_4B_{42}Y_{22}+V_4B_{43}Y_{32}+V_4B_{44}Y_{42} & V_4B_{41}Y_{13}+V_4B_{42}Y_{23}+V_4B_{43}Y_{33}+V_4B_{44}Y_{43} & V_4B_{41}Y_{14}+V_4B_{42}Y_{24}+V_4B_{43}Y_{34}+V_4B_{44}Y_{44} \end{bmatrix} \end{aligned} \tag{3.4}$$

VX对角线上的各元素是一国出口中被本国（地区）吸收的增加值，非对角线上的元素是被其他国家（地区）消化吸收的增加值。其中横向非对角线元素之和代表一国（地区）出口增加值，即：

$$VX_{出r}=\sum_{r\neq s}^{p}V_rX_{rs}=V_r\sum_{r\neq s}^{p}\sum_{s=1}^{p}B_{rp}Y_{ps} \quad (p=1，2，3，4) \tag{3.5}$$

纵向非对角线元素之和代表一国（地区）进口的增加值，即：

$$VX_{进r}=\sum_{r\neq s}^{p}V_pX_{sr}=V_p\sum_{s\neq r}^{p}\sum_{s=1}^{p}B_{rp}Y_{sr} \quad (p=1，2，3，4) \tag{3.6}$$

（2）中日韩服务贸易的出口增加值测算

在总值贸易统计框架下，对2000—2015年的中日韩服务贸易规模进行分析发现，中国服务贸易呈逐年上升的趋势，如表3-26所示。其中，中国服务贸易出口占比从2000年的2%上升到2015年的4.9%，进口占比从2000年的2.5%上升到2015年的9.6%。中国服务贸易总额在2010年超过了日本，达到3 534亿美元，位居三国之首。相比较而言，日本的服务贸易总额增长缓慢，其中服务贸易出口占比从2000年的4.6%降到2015年的3.4%，进口占比从2000年的7.8%降到2015年的3.8%。韩国服务贸易则历年来趋于稳定，出口占比和进口占比分别保持在2%和2.5%左右，一直处于三国中的最低水平。值得注意的是，三国都是服务贸易逆差国。中国服务贸易虽然增速较快，规模逐年增加，但是服务贸易逆差水平却在持续扩大，由2000年的58亿美元扩大到2015年的1 366亿美元，而日本的服务贸易逆差则明显缩小，由2000年的460亿美元下降至2015年的158亿美元。

表3-26　　中日韩服务贸易进出口规模　　金额单位：亿美元

国别	年份	服务贸易出口		服务贸易进口		服务贸易逆差额
		金额	占世界比重（%）	金额	占世界比重（%）	
中国	2000	302	2.0	360	2.5	-58
	2005	740	2.9	833	3.5	-93
	2010	1 612	4.2	1 922	5.3	-310
	2015	1 853	4.4	2 466	6.1	-613
	2013	1 842	4.0	3 310	7.6	-1 468
	2015	2 882	4.9	4 248	9.6	-1 366
日本	2000	689	4.6	1 149	7.8	-460
	2005	1 026	4.1	1 260	5.3	-234
	2010	1 400	3.7	1 570	4.3	-170
	2015	1 327	3.1	1 542	3.8	-215
	2013	1 444	3.1	1 604	3.7	-160
	2015	1 579	3.4	1 737	3.8	-158

续表

国别	年份	服务贸易出口		服务贸易进口		服务贸易逆差额
		金额	占世界比重（%）	金额	占世界比重（%）	
韩国	2000	307	2.1	331	2.3	-24
	2005	483	1.9	590	2.5	-107
	2010	863	2.3	949	2.6	-87
	2015	938	2.2	999	2.5	-61
	2013	1 094	2.4	1 070	2.5	24
	2015	968	2.1	1 123	2.5	-155

资料来源：UNCTAD和WTO数据库。

从以上分析可知，中国服务贸易进口、出口占世界比重均大于日、韩两国，但是如果使用增加值贸易的统计方法，其情况又会怎样呢？下面我们在增加值贸易的核算框架下考察中国服务贸易的真实状况。由表3-27可知，在增加值贸易核算框架下，中国服务贸易额与传统总值贸易统计下的数值比较出现明显下降，这说明传统总值贸易统计方法由于不能够识别出口服务中的国外增加值以及重复计算问题，夸大了服务贸易出口的真实水平。但是，增加值贸易显示的服务贸易总额占比还是同样呈现逐年上升趋势，由2000年的1.3%上升至2015年的3.9%，说明中国在这期间服务贸易规模的确是大幅提高了。

表3-27　　两种核算方法下中国服务贸易额占世界服务贸易总额比例对比　　金额单位：亿美元

年份	传统总值贸易统计			增加值贸易统计		
	中国服务贸易额	世界服务贸易总额	占比（%）	中国服务贸易额	世界服务贸易总额	占比（%）
2000	660	29 548	2.2	628.1	47 293	1.3
2005	1 571	48 964	3.2	1 028.39	100 569	1.0
2010	3 624	74 330	4.9	1 894.01	69 596	2.7
2015	4 201	83 005	5.1	2 988.06	76 389	3.9
2013	5 396	89 650	6.0	—	—	—
2015	7 130	92 450	7.7	—	—	—

资料来源：UNCTAD和WTO数据库。

（3）中日韩增加值服务贸易出口结构的异质性

WIOD数据库中的世界投入产出表包含35个行业部门，其中c18至c35为服务行业部门，本书选取了其中数据可获取的14个服务贸易部门进行研究。由于篇幅限制，此处只对2015年增加值贸易统计和传统贸易统计的服务贸易分部门结果做出了对比分析。如表3-28所示，增加值贸易统计下的中日韩服务贸易出口结构特征与传统总值贸易统计下的服务贸易出口结构特征表现出明显差异。

表3-28　增加值贸易统计与传统总值贸易统计方法下服务贸易各部门出口额占本国总出口的比例（%）

行业	中国					日本					韩国				
	2000	2005	2010	2015	2015年总值出口	2000	2005	2010	2015	2015年总值出口	2000	2005	2010	2015	2015年总值出口
c18	0.25	0.22	0.23	**0.22**	**0.43**	0.69	0.69	0.85	**0.77**	**0.01**	0.36	0.22	0.20	**0.17**	**0.04**
c20	2.13	3.28	1.86	**1.72**	**0.73**	1.30	1.21	1.44	**1.38**	**0.47**	2.87	2.36	2.59	**2.46**	**0.45**
c22	1.45	1.65	1.63	**1.49**	**0.80**	1.83	1.97	2.09	**2.02**	**0.95**	1.50	1.21	1.24	**1.18**	**0.35**
c23	3.49	3.56	3.00	**2.75**	**0.75**	2.76	2.81	3.08	**2.96**	**1.58**	1.87	1.85	1.82	**1.72**	**0.16**
c24	1.12	2.10	1.98	**1.86**	**1.90**	1.77	2.11	2.44	**2.60**	**4.56**	3.94	4.16	3.16	**2.97**	**4.55**
c25	0.62	0.68	—	**0.52**	**1.33**	0.96	0.87	—	**0.66**	**1.20**	1.52	1.40	—	**1.30**	**1.51**
c27	1.40	1.87	1.83	**1.68**	**0.54**	1.30	1.13	1.31	**1.27**	**0.06**	1.38	1.33	1.13	**1.07**	**0.22**
c28	3.43	3.18	5.14	**4.55**	**0.09**	4.90	5.13	4.62	**4.51**	**0.91**	4.23	4.06	4.32	**4.27**	**0.70**
c29	0.84	1.26	1.85	**1.66**	**0.00**	1.80	1.64	1.96	**1.85**	**0.01**	2.45	1.85	1.83	**1.72**	**0.14**
c30	1.97	4.50	4.73	**4.29**	**3.32**	7.13	7.18	8.33	**8.15**	**1.68**	6.88	7.96	8.46	**8.06**	**1.88**
c31	0.04	0.08	0.09	**0.08**	**0.04**	0.43	0.40	0.42	**0.35**	**0.05**	1.05	0.79	0.79	**0.77**	**0.43**
c32	0.17	0.27	0.27	**0.24**	**0.03**	0.12	0.14	0.14	**0.11**	**0.02**	0.19	0.13	0.13	**0.09**	**0.01**
c33	0.09	0.23	0.28	**0.24**	**0.04**	0.13	0.15	0.18	**0.15**	**0.02**	0.09	0.14	0.19	**0.18**	**0.01**
c34	1.51	1.75	1.55	**1.40**	**0.65**	2.02	1.97	2.43	**2.33**	**0.25**	0.92	0.83	0.87	**0.83**	**0.30**
合计	18.5	24.6	24.4	**22.7**	**10.7**	27.1	27.4	29.3	**29.1**	**11.8**	29.3	28.3	26.7	**26.8**	**10.8**

资料来源：WIOD数据库。

注：c18-建筑，c20-批发零售，c22-酒店餐饮，c23-内陆运输，c24-水运，c25-空运，c27-邮政通信，c28-金融，c29-房地产，c30-其他商业服务，c31-公共管理、国防及社会保障，c32-教育，c33-卫生及社会服务，c34-其他社会、社区和个人服务。加粗字体表示2015年基于增加值贸易统计测算中日韩各服务贸易部门的最大数值（下文同）。

2015年，中国服务贸易出口增加值占比最大的五个行业部门依次是金融业（c28，4.55%）、其他商业服务（c30，4.29%）、内陆运输（c23，2.75%）、水运（c24，1.86%）、批发零售（c20，1.72%）。而基于传统总值贸易统计测算出占比最大的五个部门则是其他商业服务业（3.32%）、水运（1.9%）、空运（c25，1.33%）、酒店餐饮（c22，0.8%）、内陆运输（0.75%）。可见，中国服务贸易的增加值出口结构与传统总值贸易统计下的出口结构存在较大差异。差异最大的服务行业部门是金融业，2015年增加值出口占比4.55%，而传统总值贸易统计出口占比只有0.09%。增加值出口比例远大于总值贸易出口比例，这说明中国金融服务出口包含的国内增加值较高。

日本服务贸易增加值出口和传统总值贸易统计下的出口结构差异也较大。2015年日本增加值出口占比最大的五个服务行业依次是其他商业服务（8.15%）、金融（4.51%）、内陆运输（2.96%）、水运（2.6%）、酒店餐饮（2.02%）。总值贸易数据统计出口占比前五个服务行业则是水运（4.56%）、其他商业服务（1.68%）、内陆运输（1.58%）、空运（1.2%）、酒店餐饮（0.95%），金融业则不在其中。建筑业的差异性最大，其增加值出口占比0.77%，但传统总值贸易统计的出口占比仅为0.01%，增加值出口是总值贸易统计出口占比的77倍。这说明建筑服务出口中包含的日本国内增加值较高。

韩国服务贸易增加值出口和传统总值贸易统计的出口结构也存在很大差异，增加值出口占比最大的五个服务行业依次是其他商业服务（8.06%）、金融业（4.27%）、水运（2.97%）、批发零售（2.46%）、内陆运输（1.72%）。总值贸易统计出口占比前五个服务行业则是水运（4.55%）、其他商业服务（1.88%）、空运（1.51%）、金融业（0.7%）、批发零售（0.45%）。其中建筑、批发零售、其他商业服务、金融、酒店餐饮等服务部门的增加值出口占比远大于传统总值贸易统计出口占比，这些行业出口为韩国创造了更多的附加值。

综上所述，增加值贸易核算方法下，各国服务贸易部门的出口贸易结构相比传统总值贸易统计表现出明显的差异性。

3.5.2 中日韩服务贸易的真实国际竞争力分析

（1）基于IMS的分析

IMS表示一国服务贸易出口额在世界服务贸易总出口额中所占的比例，一个产业的国际竞争力的大小最终反映在IMS上，比例越高则说明一国服务贸易出口的整体竞争力越强。用公式表示即：

$$IMS = \frac{X_{sa}}{X_{sw}} \tag{3.7}$$

其中，a表示国家A，w表示世界。X_{sa}表示A国服务业的出口额，X_{sw}表示的是世界服务业的出口额。IMS指数的取值范围为（0，1），数值越大竞争力越强。由于进出口统计数据存在重复计算问题，用出口中的增加值来代替出口。增加值贸易统计下的服务贸易的IMS计算公式为：

$$IMS = \frac{X_{sza}}{X_{szw}} \tag{3.8}$$

即A国服务业的增加值出口额占世界服务业的增加值出口额的比例。

本书分别测算了基于传统总值贸易统计和增加值贸易统计方法下的IMS指数。表3-29表明，传统总值贸易统计的IMS指数低估了中日韩服务贸易的IMS。从增加值贸易数据计算的IMS指数来看，中国从2000年的0.02%上升到2015年的0.521%，说明中国服务贸易在世界服务贸易市场占据的份额大幅提升，服务贸易竞争力不断提高；日本服务贸易的IMS指数从2000年的0.597%降到2015年的0.328%，这与基于传统总值贸易数据计算的下降趋势也很符合；韩国从2000年的0.157%降到0.114%，国际市场占有率近年来波动不大。

从服务贸易各部门来看，如表3-30所示，2015年中国的卫生及社会服务国际市场占有率最高，为0.651%。邮政通信（0.644%）、内陆运输（0.608%）、金融（0.593%）、房地产（0.573%）、批发零售（0.576%）的IMS也处于较高水平。建筑的IMS较小，为0.285%，不过建筑的IMS呈

表3-29　　传统总值贸易统计和增加值贸易统计下中日韩服务贸易IMS指数对比（%）

年份	中国		日本		韩国	
	传统贸易统计IMS	增加值贸易统计IMS	传统贸易统计IMS	增加值贸易统计IMS	传统贸易统计IMS	增加值贸易统计IMS
2000	0.020	0.200	0.045	0.597	0.020	0.157
2005	0.029	0.171	0.040	0.203	0.019	0.610
2010	0.041	0.500	0.036	0.356	0.022	0.113
2015	0.042	0.521	0.030	0.328	0.021	0.114
2013	0.039	—	0.031	—	0.023	—
2014	0.043	—	0.033	—	0.023	—

资料来源：UNCTAD、WIOD数据库。

上涨趋势，具有一定发展潜力。中国服务业各部门的IMS虽个别年份有波动，但总体呈上升趋势，与服务业整体基于增加值出口额计算结果相一致。

日本的建筑，酒店餐饮，其他商业服务，其他社会、社区和个人服务具有较高的IMS，其中2015年建筑的IMS指数最大，为0.453%。2015年与2000年相比，日本服务贸易IMS总体呈下降趋势，这与日本服务贸易整体IMS下降趋势相一致。

韩国的空运、水运、批发零售、其他商业服务具有较高的IMS，公共管理的IMS指数最大，为0.279%，相对较大。2000年至2015年韩国大多数行业竞争力呈先下降后上升的趋势，不过总的来说近年来各服务行业竞争力呈上升趋势，但2010年和2015年这两个年份变化不太明显。

总体而言，除了日本的建筑服务强于中国之外，中国其他服务部门的IMS均强于日、韩两国。这一结论与分别基于出口额总值和增加值计算的中国服务行业整体的IMS强于日、韩的结果相一致。

表 3-30 基于增加值贸易测算的中日韩服务贸易各部门的IMS 指数（%）

行业	中国				日本				韩国			
	2000	2005	2010	2015	2000	2005	2010	2015	2000	2005	2010	2015
建筑	0.113	0.195	0.254	0.285	0.628	0.612	0.514	0.453	0.092	0.040	0.051	0.046
批发零售	0.290	0.661	0.549	0.576	0.361	0.240	0.236	0.211	0.226	0.086	0.176	0.172
酒店餐饮	0.237	0.380	0.502	0.528	0.607	0.448	0.359	0.327	0.141	0.150	0.088	0.087
内陆运输	0.336	0.453	0.577	0.608	0.542	0.352	0.329	0.298	0.104	0.187	0.081	0.079
水运	0.158	0.433	0.486	0.505	0.507	0.412	0.333	0.320	0.320	0.098	0.178	0.168
空运	0.143	0.338	—	0.418	0.453	0.428	—	0.243	0.202	0.209	—	0.219
邮政通信	0.272	0.399	0.618	0.644	0.306	0.240	0.247	0.221	0.156	0.306	0.088	0.085
金融	0.210	0.354	0.577	0.593	0.073	0.566	0.288	0.267	0.150	0.073	0.112	0.116
房地产	0.138	0.199	0.543	0.573	0.445	0.259	0.320	0.290	0.234	0.445	0.124	0.124
其他商业服务	0.091	0.370	0.398	0.421	0.023	0.583	0.389	0.363	0.183	0.023	0.164	0.164
公共管理	0.021	0.117	0.128	0.132	0.062	0.546	0.347	0.278	0.290	0.062	0.268	0.279
国防及社会保障	0.242	0.573	0.513	0.531	0.104	0.288	0.150	0.117	0.155	0.104	0.055	0.044
卫生及社会服务	0.195	0.235	0.623	0.651	0.301	0.156	0.226	0.185	0.110	0.301	0.096	0.100
其他社会、社区和个人服务	0.235	0.015	0.467	0.492	0.968	0.016	0.407	0.374	0.083	0.968	0.060	0.061

数据来源：作者根据UNCTAD、WIOD数据库提供的数据计算整理得到。

（2）基于显示性比较优势的分析

美国学者巴拉萨（Balassa）首次提出用RCA指数来测算部分国家的比较优势，它反映了一个国家或地区服务出口在其出口总额中的占比与世界该类指标的比值，这个指标将别国的情况也纳入进来，能更好地反映出一国服务贸易的竞争优势。用公式表示即：

$$RCA=\frac{\frac{X_{sa}}{X_a}}{\frac{X_{sw}}{X_w}} \tag{3.9}$$

其中，X_{sa}是A国服务出口额，X_a是A国贸易总出口额；与此相对应，X_{sw}表示世界服务贸易出口额，X_w表示世界所有贸易部门总出口额。RCA值越大表示一国服务贸易的竞争力越强。一般认为，如果一国或地区的RCA指数大于2.5，表明其服务贸易具有极强的国际竞争力；RCA介于2.5~1.25之间，表明其服务贸易具有很强的国际竞争力；RCA介于1.25~0.8之间，则认为服务贸易具有较强的国际竞争力；RCA小于0.8，则表明服务贸易国际竞争力较弱。

RCA指数被学者们广泛应用于服务贸易竞争力的实证研究，但是大多数研究所选用的数据基础都涉及贸易统计数据，即进出口额，忽略了由于重复计算导致的实证结果与客观事实可能存在的偏差。王直等（2015）基于产业部门前向联系，计算A国总出口中某服务贸易部门所创造的增加值占A国出口的总贸易增加值的比例，相对于世界某服务贸易部门创造的增加值占世界总出口增加值的比例，来定义A国各部门的RCA。本书借鉴王直等（2015）的测算方法使用增加值贸易数据进行计算，公式为：

$$RCA=\frac{\frac{X_{sza}}{X_{za}}}{\frac{X_{szw}}{X_{zw}}} \tag{3.10}$$

即

$$\text{RCA指数}=\frac{A\text{国服务业部门增加值出口额}}{A\text{国所有部门增加值出口额}}\div\frac{\text{世界服务业部门增加值出口额}}{\text{世界所有部门增加值出口额}}$$

从服务业整体来看，基于总值贸易数据统计方法的RCA指数低于增加值贸易统计方法核算的结果，显然传统贸易统计结果低估了中国服务贸易的竞争力。如表3-31所示，就中国服务贸易整体而言，历年来基于总值出口计算的RCA指数均小于0.8，说明中国服务贸易整体竞争力水平较弱。但从增加值贸易来看，中国服务贸易具有较强的国际竞争力，RCA指数从2000年的0.807逐年上升到2011年的0.941，表现出提升趋势。另外，日本服务贸易整体表现出很强的竞争力，增加值出口RCA指数由2000年的1.182上升至2011年的1.303。韩国虽然有所下降，但其历年的增加值服务贸易竞争力仍然高于中国。由此看来，三国当中服务贸易的真实国际竞争力，中国最弱。

表3-31　中日韩服务贸易总值出口和增加值出口RCA指数对比

年份	中国		日本		韩国	
	总值出口RCA	增加值出口RCA	总值出口RCA	增加值出口RCA	总值出口RCA	增加值出口RCA
2000	0.567	0.807	0.659	1.182	0.793	1.093
2005	0.450	0.963	0.747	1.153	0.738	0.998
2010	0.456	0.966	0.758	1.173	0.769	0.946
2011	0.462	0.941	0.720	1.303	0.750	0.985
2013	0.384	—	0.838	—	0.815	—
2015	0.400	—	0.933	—	0.812	—

资料来源：作者根据联合国服务贸易统计、WIOD数据库提供的数据整理。

表3-32基于增加值贸易计算了2000年、2005年、2010年和2015年的中日韩各服务贸易部门的RCA指数。就分服务部门而言，中国的批发零售、内陆运输、邮政通信、金融、房地产、卫生及社会服务的增加值出口RCA指数较大，其中2015年卫生及社会服务的RCA指数最大，为1.175，说明相对于其他服务而言，该部门具有较强的竞争力。中国的建筑、空运和公共管理及其他商业服务RCA指数均小于0.8，说明这些部门的国际竞争力相对较弱，这一结论与基于IMS的分析结论一致。从结构上来看，中国服务贸易的国际竞争力主要是依靠资源密集型和劳动力密集型

的服务行业带动，而资本和技术密集型的服务行业竞争力较弱，甚至有下降的趋势。

表 3-32　基于增加值贸易测算的中日韩服务贸易各部门 RCA 指数

行业	中国				日本				韩国			
	2000	2005	2010	**2015**	2000	2005	2010	**2015**	2000	2005	2010	**2015**
建筑	0.456	0.483	0.492	**0.514**	1.243	1.534	1.79	**1.797**	0.645	0.48	0.432	**0.40**
批发零售	1.172	1.460	1.063	**1.039**	0.715	0.536	0.82	**0.837**	1.580	1.05	1.480	**1.49**
酒店餐饮	0.957	1.029	0.972	**0.953**	1.201	1.227	1.25	**1.298**	0.984	0.75	0.740	**0.76**
内陆运输	1.356	1.282	1.116	**1.097**	1.073	1.010	1.15	**1.183**	0.728	0 .67	0.677	**0.69**
水运	0.637	0.962	0.940	**0.911**	1.004	0.925	1.16	**1.270**	2.232	1.82	1.498	**1.43**
空运	0.576	0.745	—	**0.754**	0.896	0.952	—	**0.964**	1.410	1.54	—	**1.90**
邮政通信	1.099	1.311	1.195	**1.163**	1.022	0.796	0.800	**0.876**	1.088	0.93	0.737	**0.74**
金融	0.849	0.814	1.117	**1.071**	1.215	1.316	1.004	**1.069**	1.048	1.04	0.939	**1.00**
房地产	0.558	0.891	1.051	**1.033**	1.196	1.169	1.114	**1.152**	1.632	1.31	1.044	**1.07**
其他商业服务	0.366	0.764	0.769	**0.759**	1.325	1.218	1.356	**1.440**	1.278	1.35	1.377	**1.43**
公共管理	0.083	0.204	0.247	**0.237**	0.832	0.961	1.209	**1.104**	2.024	1.89	2.251	**2.42**
国防及社会保障	0.975	1.055	0.992	**0.959**	0.667	0.536	0.522	**0.464**	1.083	0.50	0.460	**0.38**
卫生及社会服务	0.789	1.308	1.204	**1.175**	1.167	0.880	0.788	**0.736**	0.770	0.78	0.804	**0.86**
其他社会、社区和个人服务	0.949	1.036	0.903	**0.888**	1.275	1.174	1.416	**1.482**	0.581	0.49	0.507	**0.53**

资料来源：作者根据WIOD数据库提供的数据整理。

日本的建筑，酒店餐饮，其他商业服务，其他社会、社区和个人服务的RCA很强，其中2015年建筑的增加值出口RCA指数最大，为1.797，说明该服务部门具有很强的国际竞争力。除了公共管理、国防及社会保障、卫生及社会服务之外，其他服务部门的RCA指数总体上都呈现上升趋势，这与日本整体服务部门国际竞争力逐年上升相一致。

韩国的批发零售、水运、其他商业服务、金融和房地产具有较强的国际竞争力，公共管理RCA指数最大，为2.42，显示其国际竞争力很强。2000—2015年韩国大多数服务部门竞争力呈先下降后上升的趋势，不过总的来说近年来各部门竞争力呈上升态势。

总体而言，三国服务部门国际竞争力相比较来看，中国在邮政通信、金融、卫生及社会服务部门竞争力较强，日本在建筑，酒店餐饮，内陆运输，房地产，其他社会、社区及个人服务部门竞争力较强，韩国在批发零售、水运、空运、公共管理、其他商业服务部门竞争力较强。

3.5.3 中日韩FTA服务贸易的开放策略

经济体在缔结区域服务贸易自由化安排时，不可能对他国毫无保留地自由开放，而必然有一定程度的保留（周念利和郭辛捷，2012）。因此，如何限定贸易规则的实施范围就成为区域贸易自由化安排的研究重点。从中日韩各自已经签署的自由贸易协定中关于服务贸易领域开放的形式来看，中国在与其他国家或经济体已签订的服务贸易自由化安排中全部采用“正面清单”的方式开放服务贸易部门。[①]日本缔结的双边经济伙伴关系协定（Economic Partnership Agreements，EPA）既有采用“正面清单”的承诺方式，如对新加坡、马来西亚、文莱、菲律宾等东盟国家；也有采用“负面清单”的承诺方式，如对墨西哥、智利等国家。韩国与新加坡、智利、美国采用的是“负面清单”的服务贸易开放承诺方式，与印度、欧盟、东盟等经济体缔结的FTA或更紧密的经贸关系安排（Closer Economic Partnership Arrangement，CEPA）则采用“正面清单”[②]的承诺方式。

由于日本和韩国服务贸易部门国际竞争力较强，都具备进一步提升服务贸易自由化水平的能力，因此它们在已签订的区域服务贸易协定中多采用“负面清单”；而中国服务贸易竞争力较弱，在制度安排上会采取相对保守的“正面清单”的承诺方式。但是，近年来随着中国服务贸易国际竞争力水平的不断提高，中国政府通过在全国范围内推行自由贸易实验园区（free trade zone），为准入前国民待遇和“负面清单”管理制度做了充分准

① 中澳FTA中，澳方承诺自协定生效时对中方以“负面清单”方式开放服务部门，成为世界上首个对中国以“负面清单”方式做出服务贸易承诺的国家。而中方则以“正面清单”方式向澳方开放服务部门。

② “正面清单”对155个服务贸易分部门按照四种服务提供模式列明减让承诺，没有列入减让清单的服务部门则不作任何承诺。“负面清单”只将成员方不愿意对外开放的部门和与市场准入和国民待遇不一致的措施列入具体承诺减让表，凡未列入该表的部门和措施均应适用市场准入和国民待遇。

备，积累了丰富经验。在服务贸易自由化的时代浪潮中，不排除日后的中日韩FTA会以“负面清单”的模式进行服务贸易谈判。当然可以肯定的是，如果在区域服务贸易自由化安排订立之初就使用“负面清单”的承诺方式，三国政府不仅需要考虑现行的例外限制措施，还需要顾及清单前后不发生冲突，而选择“正面清单”列明减让承诺，则可以避免市场融合过快给各国服务部门带来的冲击，还可以为中日韩三国提供调整国内管制措施的空间和更多的政策合作空间。因此在今后的中日韩FTA服务贸易谈判中，三国可能对一些敏感的服务部门进行适度、渐进式的开放。

（1）中韩服务贸易开放策略

①中国服务贸易开放承诺

对于一个服务贸易部门，其具体限制措施包括市场准入、国民待遇，并以服务贸易的四种提供方式进行归类，共有八个子条目。霍克曼（Hoekman）（1995）按照各国在GATS减让表中所做出的开放承诺提出“频度分析法”，将服务贸易承诺分为三种方式并对其进行赋值用以计算服务贸易开放程度，分别为不作承诺、有保留的承诺和没有限制。[①]综合考虑中韩FTA服务贸易承诺减让表中对于各部门的开放及限制程度，本书在霍克曼的频度指标方法基础上做出了改进，如表3-33所示，考虑到了没有限制的特殊情况和不做承诺的特殊情况。[②]

---

① 不作承诺，指各成员国有权采取任何措施限制外国服务提供者进入市场或享受国民待遇，其开放程度最低，赋值为0；第二种是有保留的承诺，指详细列明对市场准入或国民待遇限制的具体内容及措施，赋值为0.5；没有限制，指对该种提供方式的外国服务提供者不采取任何市场准入或国民待遇的限制，其开放程度最高，赋值为1。

② 没有限制的特殊情况通常指除所指定的情况以外，该国或地区承诺完全的市场准入和国民待遇。在减让表中的说法有除某部门外，没有限制；除特定内容外，没有限制等。不作承诺的特殊情况是指比完全不对外开放的限制少一些，代表该国或地区不太愿意对某些部门进行承诺。减让表中的提法如：除某部门外，不作承诺；除水平承诺中的内容外，不作承诺等。

表 3-33　　减让表中承诺方式与相对应的赋值

承诺方式	赋值
没有限制	1
没有限制的特殊情况	0.75
明确的限制	0.5
不作承诺的特殊情况	0.25
不作承诺	0

2015年6月1日正式签署的中韩FTA是中国迄今商谈领域最广、涉及国别贸易额最大的全面、高水平自由贸易协定，于2015年12月20日正式生效。我们首先按照市场准入和国民待遇两种措施对中韩FTA服务贸易部门的开放程度进行量化，主要依据中韩服务贸易减让承诺表中的各条款项目对四种服务贸易提供方式做出的减让承诺进行赋值，以此构建服务贸易开放程度与国际竞争力之间的对应关系。由表3-34可知，中韩FTA服务贸易条款中，中国对韩国服务贸易承诺开放水平赋值最高的部门是酒店餐饮、内陆运输、水运、邮政通信和房地产，这些服务部门在国民待遇方面赋值都达到了3.25且在市场准入方面赋值也至少在2.5以上；开放水平较高的部门是金融、批发零售、卫生及社会服务，市场准入的开放赋值在1.75~2.2，国民待遇的开放赋值在2.5~3.0；开放水平较低的部门是建筑、航空运输、教育和其他商业服务，市场准入和国民待遇的承诺开放赋值在1.5~2.25之间。对照表3-35，不难发现中国大部分服务贸易部门的开放程度与本书基于增加值贸易测算的国际竞争力之间存在客观的对应关系。

表 3-34　　中国对韩国各服务贸易部门开放程度

开放水平高	酒店餐饮 （2.75，3.25）	内陆运输 （2.75，3.25）	水运 （2.5，3.25）	邮政通信 （3.0，3.25）	房地产 （3.0，3.25）
开放水平较高	金融 （1.75，3.0）	卫生及社会服务 （2.0，2.75）	批发零售 （2.2，2.5）		
开放水平较低	建筑 （1.75，2.25）	航空运输 （1.75，1.75）	其他商业服务 （2.06，2.06）	教育 （2.0，1.5）	

数据来源：作者对中国承诺减让表中各服务部门的开放程度进行赋值整理计算。

注：括号里的数值分别表示在市场准入与国民待遇两种措施中的四种服务贸易提供方式做出的具体承诺赋值之和（以下相同）。其他商业服务具体承诺赋值通过求各子项目赋值之和的平均数得到。

表3-35 中国各服务贸易部门的真实国际竞争力（2015年对比韩国）

<table>
<tr><td rowspan="2">竞争力相对较强</td><td>房地产</td><td>金融</td><td>批发零售</td><td>内陆运输</td><td>邮政通信</td><td>卫生及社会服务</td></tr>
<tr><td>1.03</td><td>1.07</td><td>1.04</td><td>1.10</td><td>1.16</td><td>1.18</td></tr>
<tr><td rowspan="2">竞争力相差不大</td><td>水运</td><td>酒店餐饮</td><td>教育</td><td></td><td></td><td></td></tr>
<tr><td>0.91</td><td>0.95</td><td>0.96</td><td></td><td></td><td></td></tr>
<tr><td rowspan="2">竞争力相对较弱</td><td>建筑</td><td>空运</td><td>其他商业服务</td><td></td><td></td><td></td></tr>
<tr><td>0.51</td><td>0.75</td><td>0.76</td><td></td><td></td><td></td></tr>
</table>

注：数字表示中国各服务贸易部门2015年的增加值出口RCA指数，加粗字体表示竞争力较弱（RCA指数小于0.8），RCA指数计算结果参照表3-32。

②韩国服务贸易开放承诺

根据表3-36，韩国对中国服务贸易承诺开放水平高的部门有水运、空运、建筑、批发零售和其他商业服务，市场准入的开放赋值为2.17~3.25，国民待遇的开放赋值为2.25~3.25；承诺开放水平较高的部门是房地产和邮政通信，市场准入和国民待遇的开放赋值为1.94~2.31；承诺开放水平较低的部门有内陆运输、金融、教育、酒店餐饮，市场准入和国民待遇的开放赋值为0.75~1.75。对照表3-37发现，韩国服务贸易的承诺开放程度与其国际竞争力之间的对应关系也高度相符。不过也有特殊情况，如金融服务竞争力强但开放水平较低，建筑服务竞争力弱但开放水平较高。这是因为金融方面，韩国经历过亚洲金融危机和世界经济形势恶化带来的痛苦，因此对于金融业的开放较为谨慎，不但在跨境支付和境外消费方面未做出承诺，而且也一定程度上限制了商业存在的提供方式。再看建筑服务，韩国建筑行业拥有的技术水平，并且国内政府、资金支持环境都要优于中国，因此韩国政府很现实地提高对中国建筑服务的开放水平。

另外，对照表3-34和表3-36可以发现，中韩两国在服务贸易开放部门上具有较强的互补性，因此两国高标准开放服务部门所实现的贸易自由化、投资便利化，必将促进两国价值链的紧密融合，有助于两国服务贸易竞争力的共同提升。

表3-36　　韩国对中国各服务贸易部门开放程度

开放水平高	水运	建筑	批发零售	空运	其他商业服务
	(2.17，2.72)	(2.5，2.5)	(2.5，2.25)	(3.25，3.25)	(3.25，3.25)
开放水平较高	房地产	邮政通信			
	(2.0，2.0)	(1.94，2.31)			
开放水平较低	内陆运输	教育	金融	酒店餐饮	
	(1.75，1.75)	(1.75，1.63)	(0.75，1.25)	(1.75，1.75)	

资料来源：作者对韩国承诺减让表中各服务部门的开放程度进行赋值整理计算。

注：水运、教育、邮政通信的具体承诺赋值由求各子项目赋值之和的平均数得到。

表3-37　韩国各服务部门的真实国际竞争力（2015年对比中国）

竞争力较强	水运	空运	批发零售	其他商业服务	
	1.43	1.9	1.49	1.43	
竞争力相差不大	金融	房地产			
	1.0	1.07			
竞争力较弱	建筑	教育	内陆运输	邮政通信	酒店餐饮
	0.4	**0.38**	**0.69**	**0.74**	**0.76**

注：数字表示韩国各服务贸易部门的增加值贸易RCA指数，加粗字体表示竞争力较弱，RCA指数小于0.8，RCA指数计算结果参照表3-32。

（2）中日服务贸易开放策略

①中国可以承诺开放的服务贸易部门

根据前面对中韩服务贸易开放策略的研究，我们发现大多数服务贸易部门符合竞争力相对较高则开放水平高、竞争力相对低则开放水平低的规律。与日本相比，中国具有相对竞争力的服务部门包括批发零售、金融、邮政通信、教育、卫生及社会服务；建筑、酒店餐饮、空运和水运等部门竞争力相对较弱。参照表3-38和表3-39我们会发现，中国的比较优势部门恰好是日本的相对劣势部门，中日两国间服务贸易的互补性也非常强。日本在建筑（RCA 1.80）、酒店餐饮（RCA 1.30）、其他商业服务（RCA 1.44）以及其他社会、社区及个人服务（RCA1.48）等服务部门具有很强的竞争力，这些部门恰恰是中国服务贸易处于相对劣势的部门。因此，按照服务贸易开放程度与国际竞争力的对应规律，我们建议中国对日本服务贸易承诺开放水平较高的部门有：批发零售、邮政通信、金融、房地产、卫生及社会服务等；开放水平较低的部门可以是：建筑、水运、空运、酒店餐饮和其他商业服务。

表3-38　中国可以承诺开放的服务贸易部门的开放程度

开放水平较高	批发零售	邮政通信	金融	房地产	卫生及社会服务	教育
开放水平较低	建筑	水运	空运	酒店餐饮	其他商业服务	

对于中国而言，尽管拥有广阔的服务业市场空间和发展潜力，但是服务业竞争优势大多集中于传统服务部门，中国只有借鉴日本现代新型服务业的管理经验和技术，提高服务贸易产业化程度，激发技术研发人才的创新意识，才会提高中国服务部门的国际竞争力。因此，在中日服务贸易自由化谈判进程中，中国要增加建筑行业、金融业、酒店餐饮业与其他商业服务的FDI吸收比重，提高这些部门的服务水平和竞争力，为日后中日韩FTA服务贸易领域开放做好准备。总之，中国在后续的制度安排中要把握开放节奏、探究开放路径，增强服务行业尤其是脆弱部门的国际竞争力，避免过快开放对国内相关服务部门产生冲击，通过适度开放，逐步实现服务贸易自由化。

表3-39 日本各服务贸易部门的真实国际竞争力（2015年相比中国）

竞争力较强	建筑	酒店餐饮	水运	其他商业服务	其他社会、社区和个人服务
	1.80	1.30	1.27	1.44	1.48
竞争力相差不大	房地产	内陆运输	金融	空运	
	1.15	1.08	1.07	0.96	
竞争力较弱	批发零售	邮政通信	教育	卫生及社会服务	
	0.84	**0.88**	**0.46**	**0.74**	

注：数字表示日本各服务贸易部门的增加值贸易RCA指数，加粗字体表示竞争力较弱，RCA指数小于0.8，RCA指数参照表3-32。

②日本可以承诺开放的服务贸易部门

通过计算增加值出口贸易的RAC指数，我们发现日本2010年虽然受到国际金融危机的影响，实体经济出现恶化、出口大幅下降、股市和汇率剧烈波动，导致2015年其服务贸易的国际竞争力有所下降，但相对韩国仍具有非常明显的比较优势。首先，日本金融市场机制相比韩国更为完善，市场更加成熟，政府协调能力也足够强。因此对于金融服务的开放，日本将有可能采取和韩国不同的态度，承诺高水平服务部门对中国开放。其次，和中国情况相同，日本邮政通信业一直由日本电报电话公司垄断经营，政府实行比较严格的管理政策。由于缺乏竞争，其服务水平以及国际竞争力都不高。日本可能会对此行业适度开放，通过引进竞争机制以提高邮政通信行业的活力和国际竞争力。再次，日本虽然具有高水平的教育、卫生及社会服务，但由于其更多服务于本国居民，因而服务贸易开放水平较低。最后，在批发零售方面，日本通过《关于调整大规模零售店铺的零售业业务活动的法律》（简称大店法）对外国投资予以限制，即使外资能够顺利挤进日本零售行业市场，还要受到日本国内许多具体的经营条件等限制。因此，可以预想，日本的批发零售市场将会继续采取保护性限制措施。关于运输行业，日本运输服务出口中包含较多的国内增加值，整体竞争力强于中国，但是如果只是利用国内狭小的市场发展空间，显然不利于其运输服务业的发展。因此，在未来中日韩FTA服务贸易谈判中，面对中国巨大的运输市场日本将采取相对开放的态度。

根据表3-39，我们发现日本在建筑，酒店餐饮，水运，其他商业服务，其他社会、社区和个人服务部门国际竞争力很强，而在批发零售、邮政通信、教育、卫生及社会服务部门国际竞争力较弱。因此，我们建议日本对于中国在服务贸易谈判中可以承诺开放水平较高的部门有：建筑，酒店餐饮，水运，其他商业服务，其他社会、社区和个人服务，而在房地产、金融、内陆运输和空运方面，中日两国服务部门间的竞争力相差不大，也可给予较高水平的开放；承诺开放水平较低的部门可能会是：批发零售、邮政通信、教育、卫生及社会服务等，如表3-40所示。

总之，从短期来看，日本对中国的开放程度可能较高，任何国家都不可能永久地、最大限度地保护本地市场。相信中国经济的发展、技术的进步和丰富的资源将为日本服务贸易对外扩大市场提供一个健康的发展环境，有利于日本加入中韩贸易自由化的体系中，扩大日本服务部门的贸易利益。

表3-40　日本可以承诺开放的各服务贸易部门的开放程度

开放水平较高	建筑 酒店餐饮	房地产 金融	水运 空运	内陆运输	其他商业服务	其他社会、社区和个人服务
开放水平较低	批发零售	邮政通信	教育	卫生及社会服务	—	—

3.5.4 提高中国服务贸易竞争力的建议

中日韩服务贸易合作尚处于起步阶段，与欧美发达国家之间存在较大的差距，三国服务贸易国际竞争力有着巨大的发展潜力与增长空间。在提高中国服务贸易竞争力方面，本书主要给予以下建议：

第一，目前中国的金融、邮政通信、卫生及社会服务等行业具有一定的比较优势，但在建筑、其他商业服务等知识、资本和技术密集型的高附加值服务方面与日韩还存在较大差距。我们应积极促进传统服务部门转型升级，大力引进和培育新兴服务行业，对金融、电信、航空铁路等涉及国家经济安全的服务部门采取有步骤、分层次的逐步开放策略，以避免过快开放对国内相关行业造成冲击。在与日韩服务贸易合作过程中，还要积极学习日本和韩国新型服务产业、资本密集型服务产业的先进经验和管理方法，刺激本国产业的升级与创新。

第二，中国服务贸易发展缓慢除了基础薄弱、起步晚、起点低等原因外，货物贸易的低附加值、服务和技术的低附加值也是很重要的影响因素。中国的制造业技术水平相对日韩落后、服务贸易产业化水平低，是当前提升服务贸易国际竞争力面临的主要问题。因此，我们应注重统筹规划产业政策与贸易政策、协调发展服务贸易与货物贸易，依托货物贸易进入服务贸易的全球价值链，提高服务贸易的出口增加值，增强服务贸易的真实国际竞争力。

第三，创新驱动打造服务贸易强国，推动中国服务贸易经济转型升级。当前，中国服务贸易占对外贸易比重约为15%，其发展空间巨大，服务贸易比重在持续上升的过程中需要注重提高质量。政府应该克服政策制定上的困难，最大限度地营造公平、公正的市场竞争环境，由政策引导为主向营造法治化、国际化营商环境转变；鼓励企业创新，加大知识产权保护力度，培养一批具有国际影响力的创新型服务企业；加强国际合作，提高我国服务贸易全球价值链的地位，主动打造互利共赢的全球价值链；通过实施“一带一路”重大合作倡议和参与国际贸易规则制定，带动技术、产品、服务走向国际市场。

3.6 结论

中日韩FTA服务贸易的开放方兴未艾，而影响服务贸易开放水平的因素众多，除了经济利益，还有政治力量博弈。本书基于全球价值链的研究视阈，运用增加值贸易核算方法，从贸易视角探讨中日韩FTA谈判中的服务贸易开放问题。研究结论概括如下：

第一，中国服务贸易的增长速度、国际市场占有率都比日韩有较强的竞争优势，可是在贸易增长的同时，贸易结构、服务业各部门发展不平衡等问题突出。基于增加值贸易的RCA指数显示，中日韩三国服务贸易的国际竞争力仍不强，中国的总体劣势更加明显。中国服务贸易的优势部门在邮政通信、卫生及社会服务、房地产等劳动密集型和资源禀赋型的服务行业，在新型服务业方面竞争力与日韩相比存在较大差距，可以说中国是服务贸易大国而非服务贸易强国。日本的竞争优势部门集中在建筑、金融、酒店餐饮、租赁和其他商业服务；韩国则集中在批发零售、运输服务中的空运和水运等部门。中日韩三国服务贸易各部门之间有很强的互补性，中日韩FTA带来的服务市场开放可能会对各国相关部门产生冲击，但是收益大于风险，有助于三国经济的繁荣与发展。

第二，通过对比中韩FTA生效的服务贸易条款中承诺开放水平与增加值服务贸易的国际竞争力，寻找服务贸易承诺开放策略与国际竞争力之间的对应规律。研究发现，除个别服务部门外，大多数服务贸易部门符合竞争力相对较弱则开放水平低、竞争力相对较强则开放水平高的规律。依此规律探讨中日服务贸易的自由化问题，中日双方服务贸易开放可能采取的策略将会是：中国在批发零售、邮政通信、金融、房地产、卫生及社会服务部门提高开放水平；日本在建筑，酒店餐饮，房地产，金融，内陆运输，空运，其他商业服务，其他社会、社区和个人服务等更加广泛的领域对中国开放。

第三，全球价值链的深化与重塑，成为经济全球化发展的重要特征。中国要从全球化进程中获取利益，就要成功融入全球价值链，在全球价值链的服务环节占据竞争优势。为此，我们要遵循服务业发展规律，鼓励服务企业在市场机制下探索多元化、多维度的全球价值链攀升路径；要开放创新，鼓励服务企业以更加开放的姿态参与到价值链分工当中，不断增强创新能力，同时参与国际组织和国际标准规则的制定，充分调动各方力量，提升我国服务贸易在全球价值链的地位。

中日韩FTA的服务贸易自由化若能最终实现，必将把中日韩打造成一个全面、高水平的自由贸易区。这不但符合我国服务业向全球价值链高端攀升的目标，也顺应国家的自由贸易区战略，更将是“一带一路”重大合作倡议中的一个基点，铺开中国高水平服务贸易自由化的对外开放之路。

第4章
东北亚区域“中日韩”与“中蒙俄”两条主线贸易投资协同发展

当前，美国在全球范围内推行贸易保护主义和单边主义，经济全球化和自由贸易体制遭遇严重冲击，中国、日本、韩国、俄罗斯、蒙古国，甚至欧盟都在不同程度上受到不利影响。在经济全球化进入低速发展的阶段，许多国家通过寻求区域经济一体化来应对“反全球化”的威胁，因此，区域经济合作成为推动全球经济发展的新引擎。亚太地区近年来在区域经济合作领域的出色表现，成为国际经贸领域新的关注点。

在此背景下，推动中日韩自贸区建设，不仅有利于三方的经贸合作与发展，而且有利于提升抵御不确定因素带来的外部风险的能力。首先，中日韩既是自由贸易的受益者，也是积极倡导者，近年来三国都在积极推动自身的自贸区建设并取得了显著进展。自2012年中日韩自贸区谈判启动以来，三方领导人在多个场合共同强调将努力加速谈判。2018年11月，在中国国际进口博览会开幕式的主旨演讲中，习近平主席明确提出要加快中日韩自贸区的谈判进程。同年12月，中日韩自贸区第十四轮谈判在北京举行，三方一致同意推进落实自贸区建设三国领导人达成的共识，商定从下一轮谈判开始恢复工作组会议，并就货物贸易、服务贸易、投资等议题展开实质性磋商。其次，相比于北美自由贸易区（NAFTA）和欧盟内部经济一体化的发展，亚洲的区域经济一体化有待提升。截至2019年6月，中日韩自贸区已经进行了十五轮谈判，中国是日、韩最大的贸易伙伴，日、韩分别是中国的第二、第三大贸易伙伴，三国产业具有较强的互补性，经贸合作基础雄厚，空间巨大。最后，中日韩三国作为世界第二、第三、第十一大经济体，GDP总量占全球20%以上，占亚洲70%以上[①]，中日韩自贸区建设对于实现各国优势互补、促进区域内多边贸易的蓬勃发展将起到极大的推动作用。

2008年金融危机显著减弱了俄罗斯与独联体国家之间的贸易联系，中俄之间的经贸合作步入新的发展阶段，双边经贸规模大大提升。蒙古国由于地处中俄之间的特殊地理位置，冷战之后成为世界主要大国关注的对象，美国、日本等不断拉近与蒙古国的关系，利用其特殊的地理位置制衡中国以及中蒙经贸合作的发展。为应对严峻的国际局势，中国在2013年提出“一带一路”倡议后的次年9月，习近平主席在中俄蒙三国元首会晤时，提出把“丝绸之路经济带”同俄罗斯“跨欧亚大铁路”和蒙古国的“草原之路”倡议进行对接，打造中蒙俄经济走廊，此举获得俄罗斯和蒙古国的积极响应。2016年中蒙俄三国签署了《建设中蒙俄经济走廊规划纲要》，这是中国提出“一带一路”倡议以来的第一个多边合作规划项目，这一重大性突破加快了三国区域合作发展战略的对接进程，并将形成中蒙俄三国边境—腹地—沿海紧密联系的国际经济走廊。2018年6月，中俄蒙三国元首第四次会晤时，三国围绕中国“一带一路”倡议、俄罗斯“跨欧亚大通道”建设、蒙古国“发展之路”倡议相互对接这条主线，逐步推动合作不断深入，并取得了阶段性成果。

综上，本章将分“中日韩”和“中蒙俄”两条主线，在文献梳理的基础上，首先，对中日韩自贸区内经贸合作潜力及发展前景进行研究，基于中日、中韩双边经贸合作现状的分析，利用贸易结合度指数和贸易互补性指数对中日韩之间商品的竞争性与互补性进行测算，继而基于GTAP模型模拟中日韩自贸区建成后三国不同的进口关税对彼此宏观经济、贸易及不同产业的影响。其次，对中蒙俄经济走廊下三国的经贸合作潜力及发展进行分析，在分析中蒙、中俄双边经贸合作现状的基础

① 中国一带一路网，https://www.yidaiyilu.gov.cn。

上，利用贸易结合度指数和贸易互补性指数对中蒙俄之间商品的竞争性与互补性进行分析，并基于GTAP模型模拟中蒙俄经济走廊建成后三国不同的进口关税对中蒙俄宏观经济和贸易的影响；最后，通过对“中日韩”和“中蒙俄”两条主线的研究，提出促进中日韩经贸合作、促进中蒙俄经贸合作的对策建议，以期为推动自贸区建设下中日韩的多元化经贸合作、“一带一路”倡议下中蒙俄经济走廊的多元化经贸合作提供借鉴和参考。

4.1 “中日韩”与“中蒙俄”经贸合作现状

4.1.1 “中日韩”经贸合作

目前国内外关于中日韩经贸合作的研究主要集中在制约因素、三边贸易的竞争性与互补性，以及中日韩自贸区建设的经济效应这三个方面。

中日韩经贸合作中存在的制约因素，主要表现在经济结构的差异、贸易政策的缺失以及区域外力量的影响。例如，刘均胜（2018）认为中日韩自贸区也面临诸多难题，如合作领导权、地区认同、敏感产业和自贸区标准等，导致其前景具有很大的不确定性，但面对美国贸易保护主义，中日韩在维护全球多边贸易体系、地区生产网络联系和自贸区谈判等方面具有共同的利益和诉求；王皓和许佳（2016）阐述了东北亚区域合作的内在动因和外部因素以及中日韩各自的FTA战略，分析了区域合作在经济、地缘政治、区域外力量介入方面存在的困境，认为中日韩可以借鉴欧洲经济一体化的经验，通过FTA推进区域经济合作；杨宏恩和孙汶（2016）对中日韩贸易现状进行了分析，发现三国间存在政治互信基础薄弱、敏感领域谈判难度大、TPP（跨太平洋伙伴关系协定）的压力以及日本态度消极等问题，三方应加强沟通协商，妥善处理敏感领域谈判中的分歧；任立冉（2015）比较了中日韩三国对“东亚共同体”构想的不同阐述，认为中日韩主要在成员国范围、构建模式、主导权以及美国因素等方面存在分歧，提出中国应积极参与“东亚共同体”建设、充分利用多边合作机制发挥大国作用、处理好与日韩的关系等；敖丽红和赵儒煜（2013）认为中日韩三国之间贸易互惠制度的缺失在一定程度上制约了贸易发展潜力，并借助引力模型发现，贸易政策、人口和空间距离能够影响中日韩的双边贸易，而贸易政策是最重要的影响因素；H.吉松隆（H.Yoshimatsu，2015）分析了中日韩特别关注的自贸区政策的发展，试图找出限制三边达成自贸协定的决定性因素，结果表明中日韩对三边自由贸易协定的承诺主要受制于它们对亚太地区政治经济演变的具体外交目标；J.D.格林贝格（J.D.Greenberg，2015）认为历史和政治敌意以及民众的不信任对中日韩三方都产生了腐蚀性影响，日本推动三边自贸协定的主观意愿最弱，而且经济上的“非优先”是中日韩自贸协定缺乏进展的重要原因。

在关于中日韩贸易竞争性与互补性的研究中，学者主要用贸易结合度指数、贸易互补性指数等指标来衡量中日韩三方在不同产品和行业的竞争与互补情况。例如，庞德良和华景斌（2019）采用贸易竞争力指数、贸易互补性指数和贸易相似度指数分析了2000—2016年中日韩货物贸易和服务贸易的竞争性和互补性，结果显示，三国货物与服务贸易不存在明显的竞争性，且货物贸易互补性较差；陈志恒和甘睿淼（2017）计算了2006—2015年中日韩三边的贸易结合度指数、显性比较优势指数和贸易互补性指数，结果显示，三国的产业结构与经贸关系均具有显著的互补性和特定产业的竞争性，应加强经贸合作和自贸区建设，促进区域经济可持续发展。

在中日韩自贸区经济效应的研究中，主要是采用GTAP模型进行模拟分析，除此之外还有SMART模型以及引力模型分析。钱进和王庭东（2017）认为中日韩自由贸易协定符合三国的长远经济利益，运用GTAP模型模拟中日韩自贸区建立前后的宏观经济影响及产业产出变动情况。研究结果表明，中国劳动力资源与日韩的资本优势形成要素互补，并形成中国劳动密集型产业与日韩资本密集型产业的优势互补，签订中日韩自贸协定能够显著增加各个成员国的经济总量、扩大贸易规模、改善贸易条件、提升福利水平，从而产生贸易创造效应。自贸协定将显著影响中国的畜牧业及肉制品、加工食品等产业以及日韩的重工业，同时，公共事业与建筑将成为中日韩互利共赢的产业。侯丹丹（2016）从全球贸易分析模型及中韩FTA实际降税幅度的角度，分析了中韩FTA对东亚的经济影响。结果表明，中韩FTA将给中国大陆、韩国带来正向的经济效应，且韩国的经济改善幅度要好于中国大陆，而东亚其他经济体将遭受经济冲击，其中日本等所受冲击更为显著。匡增杰（2015）基于GTAP模拟分析了中日韩FTA框架下三国经济效应的变动。结果显示，中日韩自贸区将扩大区域内贸易规模，改变三国贸易条件，全面促进三国贸易结构以及生产结构的调整，推动三国经济增长，提高消费者福利水平。彭支伟和张伯伟（2012）基于SMART模型利用HS编码数据模拟了不同阶段的双边关税减让和长期内全部减免关税对三国经济的影响。结果表明，三国的农业部门、日本和韩国的纺织品部门以及中国的汽车部门将受到来自其他两国较为明显的冲击，机电产品及其零部件的区域内贸易增长潜力有限；崔连标、宋马林、朱磊（2019）使用大数据分析了中日韩之间自贸协定的影响，发现与完全关税豁免相比，含有农业保护条款的自贸协定不仅促进了三国经济增长，还减少了日韩农业问题，减轻了就业压力。

4.1.2 “中蒙俄”经贸合作

关于中蒙俄经贸合作的研究主要集中在现状分析、发展潜力及政策研究三个方面。

在中蒙俄经贸合作的现状研究方面，汤晓丹（2017）认为中蒙俄经济走廊建设存在着贸易结构不合理、蒙俄基础设施建设滞后以及蒙俄贸易保护政策过多等问题，并就进一步推动经济走廊的建设进行了阐述；李建军和孙慧（2016）认为中蒙俄经济走廊建设的现实基础为高度契合的发展战略、高度互补的产业基础以及不断提高的政治互信度，但沿线地区存在经济发展水平落后、蒙俄两国存在经济增长与吸引外资的风险以及中蒙俄经贸往来和人文交流存在发展不平衡等问题；王淑敏和戴蕊（2017）认为中蒙俄三国贸易结构相互依赖程度的不平衡加剧了贸易结构单一的问题，非关税贸易壁垒与基础设施障碍导致贸易结构劣化，经济合作层次较低导致初级产品盛行，应利用中蒙俄三方先天贸易互补性优势增强三国的贸易依赖性，降低非关税贸易壁垒，加强通关基础设施建设；宋琳琳（2016）梳理了中蒙俄经济走廊框架下三方的共同利益和需求差异，发现中国的“中蒙俄经济走廊”与俄罗斯的“跨欧亚发展带”综合规划以及蒙古国的“草原之路”计划有诸多契合之处，要更有效地完善交通基础设施建设，促进经济稳步发展，助推东北亚区域交流合作；B.奥特贡苏伦（B. Otgonsuren，2015）认为三国在基础设施投资能力、铁路轨距、铁路运力以及出口的结构差异等方面面临重重困难，因此需要发展联结各国的基础设施，尤其是铁路运输。

在中蒙俄经贸合作的潜力分析方面，吴兆丽等（2016）分析了中俄、中蒙和蒙俄双边贸易的发展现状，并深入探讨了三国的贸易基础，发现三国间具有良好的贸易互补性，经济走廊的建设符合各方的利益需求，有助于提升中蒙俄经贸合作水平；陈国堂和张锦（2017）梳理了中蒙俄三国经贸关系现状，探讨了中蒙俄互补性经贸合作的可行性，对合作中面临的制约因素进行了分析，并进一步提出了参考建议；于洪洋、欧德卡和巴殿君（2015）对中蒙俄经济走廊的战略价值与政策契合度、合作基础及存在的主要问题进行了分析，认为尽管经济走廊建设存在一些主观与客观的瓶颈制约因素，但仍有巨大的合作发展潜力；丁广伟（2016）使用二元边际分析方法，发现中国对蒙、俄的货物出口主要沿着集约边际增长，并利用随机前沿引力模型，发现中蒙双边贸易效率较高，中俄则处于较低水平。为挖掘中蒙俄间的贸易潜力，可以采取改善交通基础设施、推进自贸区谈判等措施。Z.顿多科夫（Dondokov）和G.鲍里索夫（G.Borisov）等（2016）根据2014年和2015年三国领导人的会晤结果，分析了中国“丝绸之路经济带”所面临的挑战，探究了在中蒙俄经济走廊建设的基础上实现三国发展战略的可能性，并明确了主要的合作领域。

在中蒙俄经贸合作的政策研究方面，毕德利（2019）通过对蒙古国和俄罗斯“设施联通”和“贸易畅通”的现状分析，做出了两国铁路运能亟待提高和布里亚特共和国积极对外开放的判断，从俄罗斯西伯利亚铁路、蒙古国中线铁路运能饱和以及蒙古国横向铁路、东线铁路建设现状出发，提出中蒙应落实的相关问题和中俄共同规划北极资源外运通道的建议，从中国企业与布里亚特共和国的经贸往来带动蒙古国工商界参与跨境物流活动角度，提出了组建“中蒙俄经济走廊新通道国际协作联盟”的建议；项义军和翟今（2017）从政治诉求、区位优势、战略考量及贸易基础四个方面对中蒙俄经济走廊建设的现实基础进行了分析，并提出了对策建议；米军和李娜（2018）认为中蒙俄经济走廊建设的合作潜力巨大，但存在着经济联系弱、融资缺口大、边境经济带动效应差以及蒙俄基础设施建设滞后等问题，应通过制度创新达成区域合作，提升中蒙俄的产业关联度；G.鲍里索夫、顿多科夫和南日洛娃（V.O.Namzhilova）（2017）分析了创建三边经济走廊计划面临的问题，预测了合作的前景，并从制度层面提议设立三边政府间委员会，以促进经济走廊的良性运行。

综上，中日韩经贸发展存在着经济结构差异大、贸易政策缺失以及区域外力量的影响等制约因素，但三国贸易具有一定的互补性，在某些特定产业具有竞争性。对自贸区建成后的经济效应大多采用GTAP模型进行模拟分析。本章将在此基础上，通过对中日韩贸易发展现状的分析及贸易潜力的测算，结合GTAP模型模拟自贸区建成后可能产生的经济效应。中蒙俄经贸发展存在结构不合理、依赖度不同、基础设施建设滞后等问题，但三国贸易互补性很强，经济走廊建设符合各方的利益需求，深入开展经贸合作具有可行性。本章将在定性研究的基础上，通过对中蒙俄贸易发展现状的分析及贸易潜力的测算，模拟经济走廊建成后可能产生的经济效应。

4.2 中日韩经贸合作发展潜力及经济效应分析

通过上面对文献的梳理可知，中日韩的经贸往来既存在竞争性又存在互补性。因此，首先对中日韩彼此间的经贸现状进行分析；其次选用双边贸易结合度指数（trade relationship degree，简称TRD）[①]分别度量中国对日本和韩国在贸易方面的相互依存程度，选用贸易互补性指数（trade complementarity index，简称TCI）[②]衡量中日、中韩之间基于比较优势的贸易潜力，如果两国的贸易具有互补性，则双边贸易关系的发展将使两国现有的生产模式得以维持；最后利用GTAP模型模拟中日韩自贸区建成后产生的经济效应。

4.2.1 中日韩经贸合作发展现状

（1）中日经贸合作发展现状

自中国加入世界贸易组织（WTO）后，中日两国的经济往来进入了一个崭新阶段。从贸易规模来看（如图4-1所示），中日双边贸易规模较大，但双边贸易额并非一直保持平稳增长的良好态势。2002年中国对日本由贸易顺差转变为贸易逆差且始终保持着逆差状态，逆差额由2002年的50.32亿美元达到2010年的峰值556.92亿美元。日本贸易振兴机构[③]（JETRO）指出，2007年中日货物贸易规模达到2 366.40亿美元，中国首次超过美国成为日本最大贸易伙伴国。2009年日本对中国货物出口规模超过对美国出口规模，这种形势保持到2012年。但是从2013年开始，日本对美货物出口规模又再次超过对中国的出口，这主要是受到中日两国关

① 贸易结合度指数即一国对其贸易伙伴的出口占该国出口总额的比重，与该贸易伙伴国进口总额占世界进口总额的比重之比。其计算公式如下：$TRD_{ij}=(X_{ij}/X_i)/(M_j/M_w)$。其中，$X$表示出口，$M$表示进口，$i$、$j$、$w$分别表示i国、j国和世界，$TRD_{ij}$表示i国对j国的贸易结合度。一般$TRD_{ij}>1$，表明i国与其贸易伙伴国j国在贸易方面的联系紧密，反之则联系松散。

② 该指数是以显性比较优势指数（RCA）为基础进行计算的，计算公式如下：$TCI_{ij}^k=RCA_{xi}^k\times RCA_{mj}^k$；$RCA_{xi}^k=(X_i^k/X_i)/(X_w^k/X_w)$；$RCA_{mj}^k=(M_j^k/M_j)/(M_w^k/M_w)$。其中，$X$表示出口，$M$表示进口，$i$、$j$、$w$分别表示i国、j国和世界，$k$表示第$k$类商品，$TCI_{ij}^k$表示i国与其贸易伙伴国j国在第$k$类商品上的贸易互补性指数，$RCA_{xi}^k$表示i国在第$k$类商品上的出口显示性比较优势指数，$RCA_{mj}^k$表示用贸易伙伴国j国的$k$类产品进口来衡量的出口显示性比较劣势指数。一般$TCI_{ij}^k>1$时，表明i国与其贸易伙伴国j国在第$k$类商品上的互补性较强，反之则互补性较弱。

③ JETRO是由日本政府出资设立，致力于促进贸易和投资的政府机构。

系骤然恶化的影响。

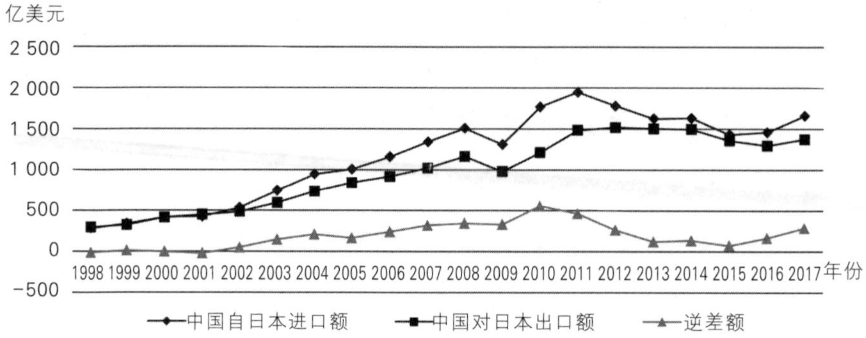

图 4-1　1998—2017 年中日贸易情况变动图

资料来源：联合国贸易商品统计数据库（Uncomtrade Database）。

在经过了 2012 年的低谷后，中日两国关系从 2017 年开始逐步回升。2017 年中日双边贸易总额达 3 029.9 亿美元，这是时隔两年后重上 3 000 亿美元大关，其中，日本对中国货物出口达 1 326.27 亿美元，创历史最高纪录。在日本市场上，中国的劳动密集型产品占有较大优势，如纺织品及原料、箱包等轻工产品，在日本进口市场的占有率均在 60% 左右。同时，随着“中国制造 2025”的提出，日本社会也普遍认为这将对日本高科技企业在中国的发展起到促进作用。JETRO 海外调查部中国北亚课长箱崎大[①,②]认为中国制造业正随着“中国制造 2025”的提出进行转型升级，中国需要具备高科技性质的外资企业的投资。因此，日本的自动化企业，如机器人、新能源汽车等会有更多的机会向中国投资。石川县

① 李果.中日经贸合作重回高位 近五成在华日企计划扩大投资[N]. 21 世纪经济报道，2019-04-30.

② 箱崎大，2003 年加入 JETRO，曾担任北京事务所次长（负责市场调查工作），2014 年开始担任海外调查部中国北亚课长。著作有《2020 年的中国和日本企业的商业战略》（2015）、《中国经济最前线——对内对外投资战略的实态》（2009）。

日中友好协会[①]会长安宅弥吉[②]也表示，中国的出口型日资企业正在不断减少，而内销型日资企业不断增加，这一变化与中国经济模式从投资主导型转向消费主导型的改革目标趋同，因此，消费领域将会吸引更多的日资企业扩大在中国的投资。JETRO调查数据显示，2016年日本对中国投资额为31.1亿美元，2017年日本对中国投资额为32.7亿美元，同比上升了5.1%，结束了自2013年以来的连续负增长趋势，是2015年以来最高的一年。

从贸易结构来看，中日两国贸易不平衡现象也很明显。2010年之前中日贸易逆差持续扩大，2010年之后虽然逆差额开始下降，但仍然保持逆差状态，两国贸易以机械类产品、纺织服装、电器及电子产品为主，中国对日本的出口产品中劳动密集型产品占据很大比例，日本向中国出口的产品则以工业制成品为主。由表4-1可知，在2017年中国自日本的进口中，机器、机械器具、电气设备及其零件、化学工业及其相关工业产品、车辆、航空器、船舶及有关运输设备的进口额占比为67.02%；中国对日本的出口中，机器、机械器具、电气设备及其零件的出口额占比为41.07%，其次是纺织原料及纺织制品，占比为14.35%。由此可见，两国贸易主要是机械类产品、纺织原料及纺织制品、电器及电子产品等。

表4-1　　2017年中国与日本进出口各类产品的占比（%）

产品分类	中国自日本进口	中国对日本出口
1.活动物；动物产品	0.17	1.74
2.植物产品	0.09	1.70
3.动、植物油、脂及其分解产品等	0.00	0.02
4.食品；饮料、酒及醋；烟草、烟草及烟草代用品的制品等	0.20	3.89

① 日中友好协会是日本的一个民间组织，旨在加深日本与中国两国人民之间的相互理解、相互信赖，增进友好关系。

② 李果.中日经贸合作重回高位 近五成在华日企计划扩大投资[N]. 21世纪经济报道，2019-04-30，http://epaper.21jingji.com/.

续表

产品分类	中国自日本进口	中国对日本出口
5.矿产品	0.91	2.00
6.化学工业及其相关工业产品	10.48	5.40
7.塑料及其制品；橡胶及其制品	6.79	3.62
8.生皮、皮革、毛皮及其制品等	0.03	1.41
9.木及木制品；木炭；软木及软木制品等	0.09	1.06
10.木浆及其他纤维状纤维素浆；纸及纸板等	0.78	1.10
11.纺织原料及纺织制品	1.60	14.35
12.鞋、帽、伞、杖、鞭及零件等	0.03	2.07
13.石料、石膏、水泥、石棉、云母等	1.30	1.30
14.天然或养殖珍珠、宝石或半宝石、贵金属等	0.89	0.12
15.贱金属及其制品	8.55	5.63
16.机器、机械器具、电气设备及其零件等	46.29	41.07
17.车辆、航空器、船舶及有关运输设备	10.25	3.34
18.光学、照相、电影、计量、检验仪器及设备等	9.96	3.60
19.武器、弹药及其零件、附件	0.00	0.00
20.杂项制品	1.25	6.43
21.艺术品、收藏品及古物	0.00	0.00
22.特殊交易品等	0.33	0.15

资料来源：Uncomtrade数据库。

(2) 中韩经贸合作发展现状

自21世纪以来，中韩双边贸易发展迅速，双边贸易额迅速攀升。为进一步深化中韩经贸合作，实现产业结构的转型和优化，2012年中韩自贸谈判启动，2015年12月《中韩自贸协定》正式生效。中国在自贸协定过渡期后对税目中90.7%的韩国原产货物实行零关税，覆盖自韩国进口额的85%，韩国对税目92.2%的中国原产货物实行零关税，覆盖自中国进口额的91.2%[①]。但从图4-2中可以看出，2016年中国自韩国进口额出现明显的下降，其主要是受中国经济放缓和贸易结构调整等因素的影响。2017年12月，两国签署谅解备忘录，启动了中韩自贸协定第二阶段谈判。自

① 陆敏，孙韶华．中韩中澳自贸协定实施 部分商品“零关税”[N].[2015-12-21]. http://finance.people.com.cn/.

《中韩自贸协定》实施以来，中韩双方已四次削减关税，截至2019年4月，双方零关税产品贸易额占比达50%[①]，这为两国企业营造了更加自由和便利的贸易投资环境。据中国海关统计，2018年中韩双边贸易额为3 134.3亿美元，比上年增长11.8%。其中，中国对韩出口1 087.9亿美元，自韩进口2 046.4亿美元，分别比上年增长5.9%和15.3%，逆差额高达958.5亿美元。中国是韩国第一大贸易伙伴国、进口来源国和出口对象国，也是第二大投资对象国。韩国是中国第一大进口来源国、第二大外资来源国，也是第三大出口对象国和贸易伙伴国。截至2018年12月，中国累计对韩国投资76.4亿美元，实际使用韩资46.7亿美元，比上年增长27.1%。韩国累计对中国实际投资额770.4亿美元，对中国投资1 882个项目，比上年增长15.7%。

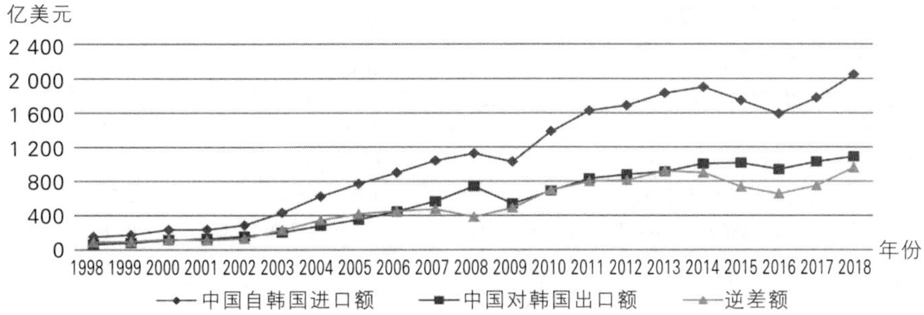

图4-2　1998—2018年中韩贸易情况变动图

资料来源：Uncomtrade数据库。

1998—2018年的中韩贸易情况如图4-2所示。由图可知，2009年中韩贸易额有明显的下降，其原因是受金融危机的影响，而中国在此次危机中坚持人民币不贬值，实际上相对增加了出口成本，韩国企业将原本从中国进口的商品转向从东南亚国家进口，这就造成了中国对韩国出口大幅下

① 于佳欣.中韩自贸协定谈判稳步推进 我国首次引入负面清单进行服贸和投资谈判[EB/OL].[2019-04-02]. http://www.xinhuanet.com/.

降的局面。再加上中国国内需求不振，使中国自韩国的进口也大幅下降。

从贸易结构来看，中国自韩国进口的产品主要集中于机器、电气设备及其零件、化学工业及相关产品，而中国对韩国出口的产品主要集中于机器、机械器具、电气设备及其零件、贱金属及其制品。从表4-2可知，2017年中国自韩国进口中，机器、机械器具、电气设备及其零件的进口额占比为58.63%；中国对韩国出口中，机器、机械器具、电气设备及其零件、贱金属及其制品的合计出口额占比为57.81%。

表4-2　　2017年中国与韩国进出口各类产品的占比（%）

产品分类	中国自韩国进口	中国对韩国出口
1.活动物；动物产品	0.07	1.31
2.植物产品	0.05	1.30
3.动、植物油、脂及其分解产品等	0.00	0.04
4.食品；饮料、酒及醋；烟草、烟草及烟草代用品的制品等	0.40	1.93
5.矿产品	4.68	2.81
6.化学工业及其相关工业产品	11.18	8.26
7.塑料及其制品；橡胶及其制品	6.77	2.78
8.生皮、皮革、毛皮及其制品等	0.20	0.98
9.木及木制品；木炭；软木及软木制品等	0.00	0.50
10.木浆及其他纤维状纤维素浆；纸及纸板等	0.33	0.43
11.纺织原料及纺织制品	1.06	7.66
12.鞋、帽、伞、杖、鞭及零件等	0.03	1.36
13.石料、石膏、水泥、石棉、云母等	1.17	2.93
14.天然或养殖珍珠、宝石或半宝石、贵金属等	0.07	0.09
15.贱金属及其制品	4.86	11.89
16.机器、机械器具、电气设备及其零件等	58.63	45.92
17.车辆、航空器、船舶及有关运输设备	1.78	2.14
18.光学、照相、电影、计量、检验仪器及设备等	8.46	3.75
19.武器、弹药及其零件、附件	0.00	0.00
20.杂项制品	0.20	3.70
21.艺术品、收藏品及古物	0.00	0.00
22.特殊交易品等	0.06	0.22

资料来源：Uncomtrade数据库。

（3）日韩经贸合作发展现状

日韩两国在历史问题上一直存在纷争，直接影响了日韩之间的经贸往来，2019年以来，日韩关系再次降温。2019年4月日本发布的《外交蓝皮书》中针对日韩关系删除了“发展面向未来新时代的日韩关系”等积极表述，认为双边关系“面临非常严峻的情况”，也使得双方关系呈现出不断恶化的趋势。根据韩国关税厅数据，2018年韩国对日出口305亿美元，而进口却达到546亿美元。与之相比，对中国出口额和进口额分别为1 621亿美元和1 064亿美元，对日规模相对有限。另外，韩国对中国每年保持接近500亿美元规模的顺差，而从图4-3可以看出，对日本每年保持约200亿美元规模的逆差。

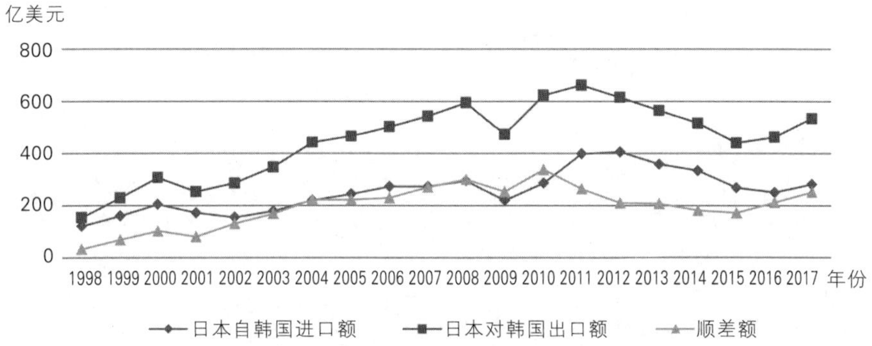

图4-3　1998—2018年日韩贸易情况变动图

资料来源：Uncomtrade数据库。

从贸易结构上看，日韩两国的贸易主要集中于机器、机械器具、电气设备及其零件、化学工业及其相关工业产品、贱金属及其制品等产品。由表4-3可以看出，2017年日本自韩国进口中，机器、机械器具、电气设备及其零件、贱金属及其制品、矿产品的合计进口额占比为57.33%，日本对韩国出口中，机器、机械器具、电气设备及其零件的出口额占比为38.92%，其次是化学工业及其相关工业产品，占比为15.65%。

表4-3　　2017年日本与韩国进出口各类产品的占比（%）

产品分类	日本自韩国进口	日本对韩国出口
1.活动物；动物产品	2.02	0.26
2.植物产品	1.12	0.05
3.动、植物油、脂及其分解产品等	0.02	0.03
4.食品；饮料、酒及醋；烟草、烟草及烟草代用品的制品等	5.37	0.56
5.矿产品	11.68	4.81
6.化学工业及其相关工业产品	9.62	15.65
7.塑料及其制品；橡胶及其制品	6.04	6.48
8.生皮、皮革、毛皮及其制品等	0.09	0.04
9.木及木制品；木炭；软木及软木制品等	0.07	0.06
10.木浆及其他纤维状纤维素浆；纸及纸板等	0.68	0.84
11.纺织原料及纺织制品	1.63	0.66
12.鞋、帽、伞、杖、鞭及其零件等	0.14	0.02
13.石料、石膏、水泥、石棉、云母等	1.17	1.51
14.天然或养殖珍珠、宝石或半宝石、贵金属等	4.13	0.71
15.贱金属及其制品	16.04	12.83
16.机器、机械器具、电气设备及其零件等	29.61	38.92
17.车辆、航空器、船舶及有关运输设备	3.87	3.14
18.光学、照相、电影、计量、检验仪器及设备等	2.08	7.91
19.武器、弹药及其零件、附件	0.00	0.00
20.杂项制品	1.11	0.86
21.艺术品、收藏品及古物	0.02	0.04
22.特殊交易品等	3.49	4.63

资料来源：Uncomtrade数据库。

综上，从贸易规模上来看，中日双边贸易规模虽然很大，但贸易量不能保持平稳增长的状态，在2009年出现明显下降之后一直呈波动态势；中韩的贸易规模除受2008年金融危机和2016年中国经济政策调整影响有所下降外，基本处于平稳增长的状态；日韩的双边贸易规模除受2008年金融危机的影响外，一直处于波动的状态。可见受2008年金融危机的影响，中日韩的双边贸易均有明显的下降，这是受东亚国家出口导向型经济模式的影响，其实质是中日韩三国对于“美元体制”的依赖。由于受经济金融化的影响，美国与众多外围国家之间的国际分工变成了深层次上的“金融国家①”和“贸易国家②”之间的分工，对于美国来说在金融产品供给上的比较优势和美元在国际上的吸引力、竞争力决定了它是“金融国家”，而包括中日韩在内的东亚国家作为“贸易国家”的典型，它们在初级产品及工业制成品的供给上具有比较优势，在出口导向型经济增长模式下，在外资引入、汇率稳定及最终产品的市场提供上都是美元体制的受益者、依赖者和支持者，同时也变成了相应风险的主要承担者和受害者。从贸易结构来看，中日、中韩和日韩的双边贸易商品中机器、机械器具、电气设备及其零件等产品所占比重均较大。

4.2.2 中日韩经贸合作发展潜力分析

（1）中日韩双边贸易结合度指数

贸易结合度又称进出口结合度（TRD），最初由经济学家布朗（Brown，1947）提出，后经小岛清（Kiyoshi Kojima，1958）等人完善，是一个用来衡量两国在贸易领域相互依存程度的指标。TRD值越大，两国在贸易上的联系越紧密，具体计算公式如下：

$$TRD_{ij}=\frac{\frac{X_{ij}}{X_i}}{\frac{M_j}{M_w}} \tag{4.1}$$

其中，TRD_{ij}表示i国对j国的贸易结合度，X_{ij}表示i国对j国的出口额，X_i

① 金融国家是指国内金融市场发展相对完善，金融机制操作技巧娴熟，金融监管制度相对完善的国家，决定了其在金融产品供给上的比较优势和国家货币的竞争力。这里指美国。

② 贸易国家是指在战后美国制造业国际产业转移和美国市场的对外开放中受益的国家，这些国家在初级产品及工业制成品的供给上有比较优势，金融市场不够发达和完善。

表示i国出口总额；M_j表示j国进口总额；M_w表示世界进口总额。如果$TRD_{ij}>1$，表明i、j两国在贸易方面的联系紧密，如果$TRD_{ij}<1$，表明i、j两国在贸易方面的联系松散。

利用2013—2017年中、日、韩三国进出口贸易数据，测算出中日韩三国的TRD值，如表4-4所示。

表4-4　　中日韩三国双边贸易结合度指数

年份	中国对日本	日本对中国	中国对韩国	韩国对中国	日本对韩国	韩国对日本
2013	1.52	1.73	1.49	2.49	2.85	1.38
2014	1.46	1.74	1.52	2.41	2.65	1.29
2015	1.55	1.69	1.66	2.51	2.62	1.26
2016	1.60	1.75	1.73	2.49	2.77	1.27
2017	1.57	1.80	1.65	2.34	2.78	1.21

资料来源：Uncomtrade数据库。

由表4-4可知，2013—2017年5年间中国对日本以及日本对中国的TRD值均大于1，可知中国和日本在贸易方面的联系十分紧密，而且日本对中国的贸易结合度与中国对日本的贸易结合度水平相似，说明中日两国的进出口贸易具有很强的依赖性。中国对韩国的TRD值大于1，且5年来一直处于稳定状态，韩国对中国的TRD值在5年内均大于2，说明韩国对中国的贸易依赖度要大于中国对韩国的贸易依赖度。日本对韩国的TRD值在5年内均大于2，而韩国对日本的TRD值比日本对韩国的TRD值小，5年中均大于1，且在2013年达到峰值1.38，说明日本对韩国的贸易依赖度比韩国对日本的贸易依赖度要高。因此，总的来看，中日韩三国彼此之间的贸易联系十分密切。

（2）中日韩双边贸易互补性指数

贸易互补性指数（TCI）是由彼得（Peter，1967）提出，用于反映贸易伙伴国双方贸易互补性的指标，该指数是以显性比较优势指数（RCA）

为基础来进行计算的，计算公式如下：

$$TCI_{ij}^{k} = RCA_{xi}^{k} \times RCA_{mj}^{k} \tag{4.2}$$

$$RCA_{xi}^{k} = \frac{\dfrac{X_i^k}{X_i}}{\dfrac{X_w^k}{X_w}} \tag{4.3}$$

$$RCA_{mj}^{k} = \frac{\dfrac{M_j^k}{M_j}}{\dfrac{M_w^k}{M_w}} \tag{4.4}$$

其中，X表示出口，M表示进口，i、j、w分别表示i国、j国和世界，k表示第k类商品，TCI_{ij}^{k}表示i国跟j国贸易伙伴在第k类商品上的贸易互补性指数，RCA_{xi}^{k}表示i国在第k类商品上的出口显示性比较优势指数，RCA_{mj}^{k}表示用j国贸易伙伴的k类产品进口来衡量的出口显示性比较劣势指数。一般$TCI_{ij}^{k}>1$时，表明i国与其贸易伙伴国j国在第k类商品上的互补性较强，反之则互补性较弱。这里按照HS编码[①]将商品分成22类，但不讨论第22类产品。

以中国为出口国计算中日两国的TCI值如图4-4所示。由图可以看出，2013—2017年间第5类产品的TCI值最高，5年内均在5以上，其中

---

① HS编码如下：1-活动物、动物产品；2-植物产品；3-动、植物油、脂及其分解产品，精制的食用油脂、动、植物蜡；4-食品、饮料、酒及醋、烟草、烟草及烟草代用品的制品；5-矿产品；6-化学工业及其相关工业产品；7-塑料及其制品，橡胶及其制品；8-生皮、皮革、毛皮及其制品，鞍具及挽具，旅行用品，手提包及类似容器，动物肠线（蚕胶丝除外）制品；9-木及木制品，木炭、软木及软木制品，稻草、秸秆、针茅或其他编结材料制品，篮筐及柳条编结品；10-木浆及其他纤维状纤维素浆，纸及纸板的废碎品，纸、纸板及其制品；11-纺织原料及纺织制品；12-鞋、帽、伞、杖、鞭及其零件，已加工的羽毛及其制品，人造花，人发制品；13-石料、石膏、水泥、石棉、云母及类似材料的制品，陶瓷产品，玻璃及其制品；14-天然或养殖珍珠，宝石或半宝石，贵金属，包贵金属及其制品，仿首饰，硬币；15-贱金属及其制品；16-机器、机械器具、电气设备及其零件、录音机及放声机、电视图像、声音的录制和重放设备及其零件、附件；17-车辆、航空器、船舶及有关运输设备；18-光学、照相、电影、计量、检验、医疗或外科用仪器及设备，精密仪器及设备，钟表，乐器，上述物品的零件、附件；19-武器、弹药及其零件、附件；20-杂项制品；21-艺术品、收藏品及古物。详细HS编码查询网址，https://www.hsbianma.com/。

2017年最高达到7.70。而第8、11、12和20类产品2013—2017年的TCI值在2.7~4.2间波动。第9、13、16和第18类产品的TCI均大于1，说明中国在劳动密集型产品上具有优势，中国与日本在第5、8、9、11、12、13、16、18和20类产品上互补性较强。

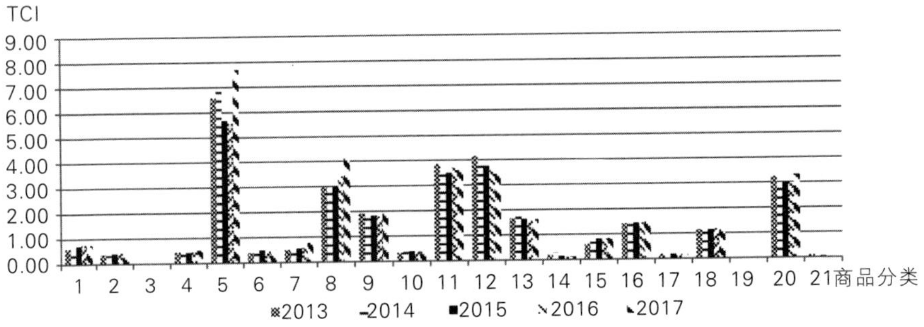

图4-4　以中国为出口国计算的中日贸易互补性指数

资料来源：Uncomtrade数据库。

以日本为出口国计算的中日TCI值如图4-5所示。由图可知，2013—2017年的5年中除2016年中日贸易中第5类产品的TCI值为5.00以外，第5类产品的TCI值均在6左右波动，说明中日在矿产品上的贸易互补性很强；而第7、16、17和18类产品5年间的TCI值均大于1，说明中日在这4类产品上也具有较强的贸易互补性。

以中国为出口国计算的中韩TCI值如图4-6所示。由图可知，除2016年第5类产品的TCI值为5.99以外，2013—2017年第5类产品的TCI值均在6以上，说明中韩在矿产品上的贸易互补性很强；而第8、11、12、13、15、16、18和20类产品2013—2017年5年间TCI值均大于1。由此可见，中韩在这9类产品上具有很强的贸易互补性。

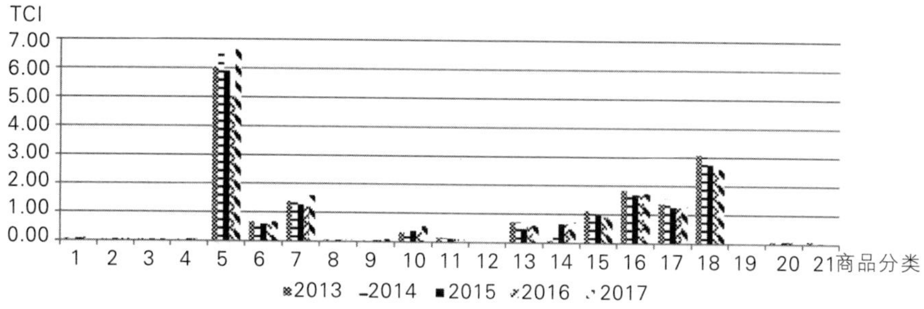

图4-5　以日本为出口国计算的中日贸易互补性指数

资料来源：Uncomtrade数据库。

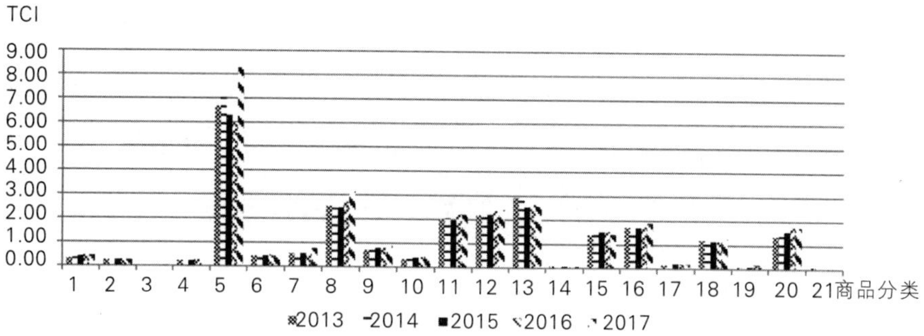

图4-6　以中国为出口国计算的中韩贸易互补性指数

资料来源：Uncomtrade数据库。

以韩国为出口国计算的中韩贸易TCI值如图4-7所示。由图可知，第5类产品在2013—2017年间的TCI值最高，5年间均大于17，其中2014年为最大值，达到25.14；其次是第7、16和18类产品，5年间TCI值均大于1；第15和17类产品的TCI值在1上下波动，其中第15类产品从2016年开始TCI值大于1。基于以上分析可知，中韩在第5、7、15、16、18类产品上具有一定的贸易互补性。

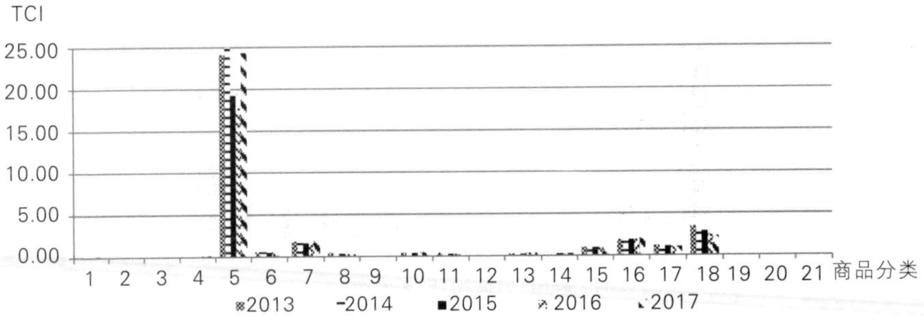

图4-7　以韩国为出口国计算的中韩贸易互补性指数

资料来源：Uncomtrade数据库。

以日本为出口国计算的日韩TCI值如图4-8所示。由图可知，2013—2017年日韩在第5类产品上的TCI值均大于6，其中2016年最低为6.63；第13、15、16和18类产品，5年间的TCI值均在1以上。由此可知，在第5、13、15、16和18类产品上日韩的贸易互补性较强。

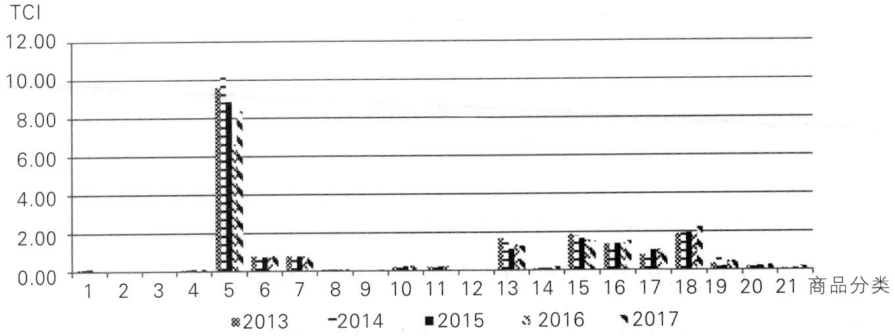

图4-8　以日本为出口国计算的日韩贸易互补性指数

资料来源：Uncomtrade数据库。

以韩国为出口国计算的日韩TCI值如图4-9所示，由图可知，2013—2017年第5类产品的TCI值最大，5年间均大于21，2016年最低为21.81，2014年最高为38.97，双边贸易互补性在结构调整中有波动，但并未减弱；第16和18类产品TCI值同时期均大于1；第7类产品自2016年开始TCI值大于1，说明日韩在第7类产品上的贸易互补性在增强。由此可知，日韩在第5、7、16和18类产品上具有贸易互补性。

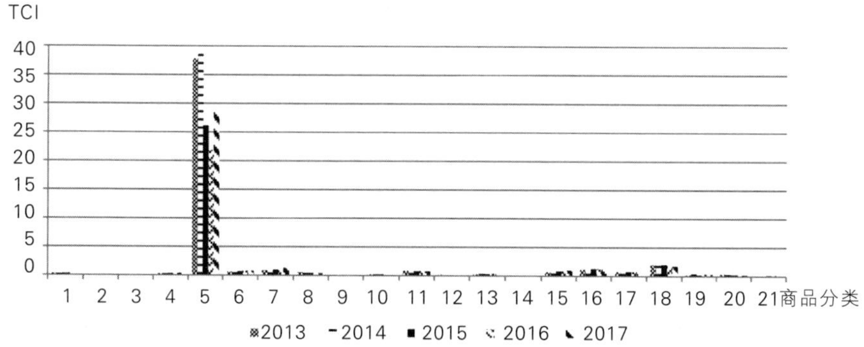

图4-9 以韩国为出口国计算的日韩贸易互补性指数

资料来源：Uncomtrade数据库 。

综上，通过对中日、中韩、日韩双边TRD值的计算，可知三国总体贸易依存度很高，贸易联系密切。通过对中日、中韩、日韩双边TCI值的计算，可知中日、中韩、日韩均在机械、电气设备及其零件、光学照相、计量、检验仪器及设备等产品上具有贸易互补性，但中日、中韩、日韩双边贸易中的竞争性产品又各有不同。日本拥有丰厚的资本和尖端的技术，因此在资本和技术密集型产品上具有优势；中国拥有丰富的自然资源、廉价的劳动力和广阔的市场，因此产业和贸易结构更偏重于劳动密集型；而韩国作为新兴工业化国家，具有成功的产业化和经济结构调整经验，在技术、资本和创新能力上介于日本和中国之间，因此产业和贸易结构也处于一种“成本逊于中国，技术低于日本”的“夹心”状态。由此，中日韩三国在贸易的总体水平和产品互补性水平上，均表现出一定的贸易潜力。

4.2.3 中日韩自贸区成立的经济效应分析

（1）模型与数据来源

本书采用的是全球贸易分析模型（GTAP）第9版，数据来源于与其配套的第9版数据库，含有140个国家和地区、57个部门、5种生产要素[①]。通过GTAP模型，假定中日韩自贸区建成后关税发生改变，测度其对区域内三国及区域外其他国家和地区将会产生的影响，主要包括宏观经济、贸易规模、贸易条件以及进出口贸易等方面。

（2）模型设计

本书采用GTAPAgg软件将GTAP数据库中的原始资料整合为10个国家和地区、10种产品和5个产业部门，模型求解则基于RunGTAP3.62软件。首先，本书将140个国家和地区重新整合为10个国家和地区，如表4-5所示。

其次，关于产品部门的划分，本书将GTAP数据库中的原始产业整合成为10个产业，分别为农业、肉类产业、资源产业、食品加工业、纺织服装业、轻工业、重工业、基础服务业、交通运输服务业以及其他服务业，具体分类如表4-6所示。

---

① 57个部门如下：1-水稻，2-小麦，3-谷物及其他相关产品，4-蔬菜、水果、坚果，5-油料作物，6-糖料作物，7-植物纤维，8-农作物及相关产品，9-牛羊马牲畜，10-动物制品及其他相关产品，11-奶，12-毛及丝制品，13-森林，14-渔业，15-煤，16-石油，17-天然气，18-矿产及相关产品，19-牛马羊肉，20-肉类制品及其他相关产品，21-动植物油脂，22-乳制品，23-加工大米，24-糖，25-食物制品及其他相关产品，26-饮料及烟草制品，27-纺织品，28-服装，29-皮革制品，30-木制品，31-纸制品，32-石化及煤制品，33-化学橡胶品、塑料，34-矿产制品及其他相关产品，35-黑色（铁类）金属，36-有色金属及相关产品，37-金属制品，38-机动车及零部件，39-交通运输设备及其他相关产品，40-电子设备，41-机械设备及其他相关产品，42-制造业其他产品，43-电力，44-天然气制造及零售，45-水，46-建筑，47-旅游，48-交通及其他相关服务，49-海运，50-空运，51-通信，52-金融及其他相关服务，53-保险，54-商务服务及其他相关服务，55-娱乐及相关服务，56-政府、法院、医疗、教育，57-民居。5种生产要素包括土地、资本、自然资源、技术和非技术劳动力。

表4-5　　　　　　　国家和地区分类情况表

国家和地区	国家和地区的分类
中国	中国
日本	日本
韩国	韩国
东盟	文莱、越南、老挝、缅甸及东帝汶等（共11个国家）
欧盟	瑞典、比利时、塞浦路斯、克罗地亚、捷克共和国、西班牙等（共27个国家）
美国	美国
英国	英国
俄罗斯	俄罗斯
蒙古国	蒙古国
其他地区	GTAP数据库中包含的其他国家和地区

注：由于GTAP 9数据库中未单独列出缅甸的数据，而是将缅甸和东帝汶划分为东南亚其他国家列出。东帝汶经济体量较小，本书在研究东盟时，数据中包括了东帝汶。

表4-6　　　　　　GTAPAgg 数据库重新分类表

部门	产品
农业	谷物、小麦、米及其制品、蔬菜及水果、油脂作物等、其他农产品
肉类产业	牛羊马牲畜及畜产品、生乳品、毛及丝织品、肉类制品
资源产业	林业、渔业、煤、原油、天然气、其他矿产
食品加工业	食用油脂、乳制品、糖、饮料及烟草、其他食品
纺织服装业	纺织产品及服装
轻工业	皮革、木材、纸及其制品、金属制品、机车及零部件、其他制造业
重工业	石油及煤产品、非金属矿产制品、化学及塑料橡胶制品、钢铁、机械及电子产品
基础服务业	电气、燃气、自来水、建筑
交通运输服务业	贸易服务、陆路运输、水路运输、航空运输、邮政及电信
其他服务业	金融业、保险业、租赁、娱乐及其他服务、教育及医疗

资料来源：GTAP Database 8。

最后，由于不同国家针对不同的进口产品征收的关税不同，为了简化起见，假设中日韩自贸区建立初期所有产品的关税均为10%，完全建成后，各经济体之间的进口关税降低为0，由此可利用进口关税税率作为外生变量进行模拟，研究中日韩自贸区的建立对三国及其周边国家和地区经济的影响程度。

（3）模型结果及分析

①关税变化对宏观经济的影响

模拟测算结果如表4-7所示。当进口产品关税为10%时，中国和日本的GDP会小幅下降，其中中国下降0.03%，日本下降0.02%，其他国家GDP和地区生产总值会出现小幅上涨。中日韩自贸区建立之初对其他国家GDP和地区生产总值产生的效果均为正向，除东盟上升0.02%，其他国家和地区均上升0.01%。与此同时，中日韩自贸区建立之初的减税政策使中日韩三国福利[①]水平出现下降，却会为其他国家和地区的福利带来不同程度的上升。然而，当中日韩自贸区的关税为零时，中日两国的GDP会分别上升0.27%和0.16%，而韩国GDP会下降0.26%；但在这种模拟情况下，中日韩三国的福利均表现出不同程度的上升，而除三国之外的其他国家和地区都表现为GDP和地区生产总值及福利的下降。由此看来，中日韩自贸区在为中日韩三国创造经贸合作机遇的同时，也可能对世界其他地区生产总值和福利产生一些负面影响。

②关税变化对贸易规模和贸易条件的影响

关税变动对进出口的影响如表4-8所示。当进口关税为10%时，中日韩三国的进口和出口都会减少，但是当关税降低到0时，三国的进出口均会增加，中国进口将增加0.41%，出口将增加0.42%，日本进口将增加1.37%，出口将增加0.99%，韩国进口将增加2.38%，出口将增加1.41%。

---

① 在总体福利分析上，主要有两种度量方法：补偿等值(CV)与收入等值(EV)。CV(compensating variation)的计算理念是：当价格变化时，消费者为了达到最初的效用水平所需的额外支付。EV(equivalent variation)则用全社会总体收入来表示社会福利水平，因为EV能够全面考虑贸易(进口、出口、关税等)的影响，所以在贸易福利分析中最为常用。EV的基本定义是福利等于收入的总和，GTAP模型中也采用了这一度量方法，本书中所指的福利即为EV。

表4-7　关税变化对GDP和地区生产总值及福利（EV）的影响

国家和地区	GDP变动（%）		EV变动（百万美元）	
	模拟情形一（关税为10%）	模拟情形二（关税为0）	模拟情形一（关税为10%）	模拟情形二（关税为0）
中国	-0.03	0.27	-535.33	5 353.27
日本	-0.02	0.16	-283.60	2 835.98
韩国	0.03	-0.26	-16.10	160.98
东盟	0.02	-0.17	111.48	-1 114.78
欧盟	0.01	-0.05	80.00	-800.01
美国	0.01	-0.11	243.54	-2 435.38
英国	0.01	-0.05	14.86	-148.57
俄罗斯	0.01	-0.06	7.83	-78.29
蒙古国	0.01	-0.11	0.63	-6.29
其他地区	0.01	-0.07	133.68	-1 336.82

表4-8　关税变化对进出口和贸易条件的影响　单位：%

国家和地区	进口变动		出口变动		贸易条件变动	
	模拟情形一（关税为10%）	模拟情形二（关税为0）	模拟情形一（关税为10%）	模拟情形二（关税为0）	模拟情形一（关税为10%）	模拟情形二（关税为0）
中国	-0.04	0.41	-0.04	0.42	-0.02	0.22
日本	-0.14	1.37	-0.10	0.99	-0.01	0.14
韩国	-0.24	2.38	-0.14	1.41	0.03	-0.27
东盟	0.02	-0.17	0.01	-0.13	0.01	-0.08
欧盟	0.01	-0.06	0.00	-0.04	0.00	-0.01
美国	0.02	-0.19	0.00	-0.05	0.01	-0.09
英国	0.01	-0.06	0.00	-0.04	0.00	-0.01
俄罗斯	0.01	-0.11	0.00	-0.05	0.00	-0.03
蒙古国	0.01	-0.06	0.00	0.00	0.01	-0.09
其他地区	0.01	-0.09	0.01	-0.06	0.00	-0.02

关税的变化对其他国家和地区进出口的影响与对中日韩三国进出口的影响相反，当进口产品关税为10%时，对其他国家和地区的进口影响均为正向的，且变化幅度不大，对其他国家和地区的出口影响很小，均在0.01%以内；但当关税降低到0时，对其他国家和地区的进出口会产生不同程度的负面影响。从贸易条件来看，关税变动对中日韩三国以及世界其他国家和地区的贸易条件影响与对进出口的影响类似。当关税为10%时，中国和日本的贸易条件将恶化，其中中国将恶化0.02%，日本将恶化0.01%，而韩国的贸易条件将改善0.03%，其他国家和地区的贸易条件基本保持稳定。当关税降低到0时，中国和日本贸易条件将分别改善0.22%和0.14%，韩国的贸易条件将恶化0.27%，但对其他国家和地区将有并不显著的贸易条件恶化。总体来看，中日韩自贸区建立之初，对中日韩三国的进出口规模以及中日的贸易条件有一定的负面效应，但当中日韩自贸区建成后关税降低为0时，将会为中日韩三国带来正面效应，但对世界其他地区的影响并不显著。

中日韩自贸区关税水平为0后，中国对其他国家和地区的出口变动情况如表4-9所示。中国在农业、肉类产业、资源产业、食品加工业、纺织服装业、轻工业和重工业这7个产业上，对日本和韩国的出口量将上升，其中农业的上升幅度最大，对日本将上升78.46%，对韩国将上升268.82%；基础服务业、交通运输服务业和其他服务业的出口量将下降，但下降幅度均在1%以内。除此之外，模拟结果还表明，中日韩自贸区的建立将使中国对自贸区以外其他国家的出口表现为不同程度的下降，其中农业下降幅度最大，对美国出口下降最大为4.27%，对资源产业的影响幅度相对较小，均在1%以下。由此可见，中日韩自贸区的建立将明显增加中国对日韩两国的出口，但同时也将减少中国对其他国家和地区的出口。

表4-9　中国对其他国家和地区各产业出口量变动情况（%）

国家和地区	农业	肉类产业	资源产业	食品加工业	纺织服装业	轻工业	重工业	基础服务业	交通运输服务业	其他服务业
日本	78.46	44.92	15.32	35.52	21.10	20.48	0.11	-0.31	-0.50	-0.49
韩国	268.82	60.99	47.45	88.22	31.79	14.53	9.00	-0.90	-0.81	-0.22
东盟	-4.00	-5.03	-0.77	-2.06	-3.51	-1.40	-1.18	-1.20	-1.08	-1.11
欧盟	-3.92	-4.48	-0.91	-1.76	-1.75	-1.43	-1.28	-1.05	-1.01	-1.02
美国	-4.27	-4.70	-0.84	-1.90	-1.72	-1.37	-1.24	-1.15	-1.05	-1.05
英国	-3.89	-4.55	-0.92	-1.76	-1.64	-1.39	-1.26	-1.01	-1.04	-1.00
俄罗斯	-3.39	-4.77	-0.89	-1.85	-1.46	-1.36	-1.25	-1.10	-1.05	-1.04
蒙古国	-2.05	-4.56	-0.49	-2.48	-0.33	-0.86	-0.96	-1.11	-1.13	-1.14
其他地区	-3.96	-4.74	-0.93	-1.86	-1.60	-1.42	-1.29	-1.06	-1.04	-1.03

中日韩自贸区完全建成后，中国各产业进口变动情况如表4-10所示。中国资源产业、轻工业、重工业、基础服务业、交通运输服务业、其他服务业6个产业自日本的进口将上升，幅度在0.11%~0.21%之间；而农业、食品加工业和纺织服装业3个产业的进口将下降，其中纺织服装业下降最多，达1.11%；而肉类产业的进口将保持不变。中国农业、肉类产业、资源产业、食品加工业、纺织服装业、轻工业和重工业7个产业自韩国的进口将下降，其中农业下降最多，达3.32%，而其他行业将上升。对于其他国家和地区，中国除纺织服装业自蒙古国的进口将上升0.05%，其他行业的进口均表现为不同幅度的下降。因此，中日韩自贸区的建立将使中国自日本、韩国、蒙古国的特定行业进口增加，而对其他国家和地区的其他行业进口将下降。

表4-10　中国自其他国家和地区各产业进口量变动情况（%）

国家和地区	农业	肉类产业	资源产业	食品加工业	纺织服装业	轻工业	重工业	基础服务业	交通运输服务业	其他服务业
日本	-0.06	0.00	0.19	-0.05	-1.11	0.11	0.13	0.15	0.19	0.21
韩国	-3.32	-1.85	-0.02	-2.93	-1.26	-0.16	-0.32	0.01	0.03	0.34
东盟	-0.23	-0.19	-0.05	-0.15	-0.11	-0.10	-0.08	-0.11	-0.13	-0.14
欧盟	-0.07	-0.06	-0.04	-0.05	-0.04	-0.04	-0.04	-0.05	-0.05	-0.05
美国	-0.25	-0.15	-0.04	-0.11	-0.08	-0.09	-0.08	-0.09	-0.10	-0.10
英国	-0.06	-0.06	-0.04	-0.05	-0.04	-0.04	-0.04	-0.05	-0.05	-0.05
俄罗斯	-0.10	-0.07	-0.04	-0.07	-0.04	-0.06	-0.05	-0.06	-0.07	-0.07
蒙古国	-0.03	-0.09	-0.05	-0.10	0.05	-0.05	-0.04	-0.05	-0.08	-0.09
其他地区	-0.11	-0.10	-0.04	-0.08	-0.06	-0.06	-0.05	-0.06	-0.07	-0.07

4.3　中蒙俄经贸合作发展潜力及经济效应分析

4.3.1　中蒙俄经贸合作发展现状

（1）中蒙经贸合作发展现状

自2014年中蒙建立全面战略伙伴关系以来，双边经贸合作持续推进。据中国海关统计，截至2018年，中国已连续20年成为蒙古国第一大贸易伙伴国，中蒙贸易成为蒙古国经济增长的主要推动力之一。从贸易总量看，2013—2017年蒙古国对外贸易总额为487.9亿美元，中蒙贸易总额为291.2亿美元，占比高达59.68%，其中对中国出口额为218.2亿美元，自中国进口额为73.0亿美元，顺差145.2亿美元，中蒙双边贸易对蒙古国GDP的贡献率近50%。2017年中蒙贸易总额64.0亿美元，2018年中蒙贸易总额79.9亿美元，同比增长24.8%。其中，2017年中国对蒙古国出口12.4亿美元，自蒙古国进口51.7亿美元，2018年中国对蒙古国出口16.5亿美元，自蒙古国进口63.4亿美元，同比分别增长33.1%和22.6%。截至

2018年12月底，中国累计对蒙古国投资额达47.6亿美元，蒙古国对中国投资项目208个，累计实际投资额3 458万美元。

总体来看，中蒙双边经贸规模不断扩大的同时，贸易失衡现象也较为明显。由于我国经济的快速发展，对于木材、煤炭、钢铁、石油等能源和矿产品的需求迅速增加。蒙古国的木材和石油资源储量丰富，采矿业更是蒙古国的支柱产业，因此中蒙贸易发展为我国能源和矿产资源的进口提供了充足的来源。从表4-11中可知，中国自蒙古国的进口中，矿产品、纺织原料及纺织制品、植物产品的进口额占比高达97.17%；中国对蒙古国的出口中，机器、机械器具、电气设备及其零件等、贱金属及其制品的出口额占比为44.42%；而蒙古国自中国进口中，机器、机械器具、电气设备及其零件等、贱金属及其制品的进口额占比为46.71%；蒙古国对中国的出口中，矿产品出口额占比高达91.63%。由此可见，虽然规模上中蒙贸易存在失衡现象，但结构上两国商品贸易的互补性很强。

表4-11　　2017年中国与蒙古进出口各类产品的占比（%）

产品分类	中国自蒙国古进口	中国对蒙国古出口
1.活动物；动物产品	0.97	1.47
2.植物产品	2.58	2.19
3.动、植物油、脂及其分解产品等	0.00	0.61
4.食品；饮料、酒及醋；烟草、烟草及烟草代用品的制品等	0.15	4.42
5.矿产品	91.63	12.16
6.化学工业及其相关工业的产品	0.02	3.24
7.塑料及其制品；橡胶及其制品	0.08	7.24
8.生皮、皮革、毛皮及其制品等	0.11	0.11
9.木及木制品；木炭；软木及软木制品等	0.02	0.75
10.木浆及其他纤维状纤维素浆；纸及纸板等	0.00	1.05
11.纺织原料及纺织制品	2.96	3.45
12.鞋、帽、伞、杖、鞭及其零件等	0.00	0.17

续表

产品分类	中国自蒙国古进口	中国对蒙国古出口
13.石料、石膏、水泥、石棉、云母等	0.00	2.27
14.天然或养殖珍珠、宝石或半宝石、贵金属等	0.00	0.01
15.贱金属及其制品	1.19	14.91
16.机器、机械器具、电气设备及其零件等	0.00	29.51
17.车辆、航空器、船舶及有关运输设备	0.00	11.02
18.光学、照相、电影、计量、检验仪器及设备等	0.00	1.56
19.武器、弹药及其零件、附件	0.00	0.00
20.杂项制品	0.00	3.69
21.艺术品、收藏品及古物	0.00	0.00
22.特殊交易品等	0.29	0.17

资料来源：Uncomtrade数据库。

（2）中俄经贸合作发展现状

近年来，鉴于中俄经贸合作对稳固双边关系、促进能源贸易多元化的重要性，中俄两国密切合作，不断扩大传统领域的合作力度、积极培育新的贸易增长点，促进双边贸易规模快速提升，整体贸易结构不断优化。根据中国海关统计，2015—2018年间，中俄双边贸易额从680.2亿美元增长到1 070.6亿美元，贸易增速在中国主要贸易伙伴中位列第一，中国也持续保持俄罗斯第一大贸易伙伴国的地位。2017年中国对俄罗斯进出口总额达842.2亿美元，2018年中国对俄罗斯进出口总额达1 070.6亿美元，同比增长27.1%，占2018年中国进出口总值的2.3%，其中对俄出口479.1亿美元，同2017年相比增长11.9%，自俄进口591.5亿美元，同2017年相比增长42.9%。1998—2018年的中俄贸易情况如图4-10所示，可知受2008

年金融危机和2015年俄罗斯与乌克兰争端的影响，中俄贸易额有明显的下降，其后呈现缓慢回升态势。这说明中俄双边贸易受外界因素影响较大，在目前俄罗斯经济增长放缓的情况下，中俄经贸合作也面临诸多不确定因素。

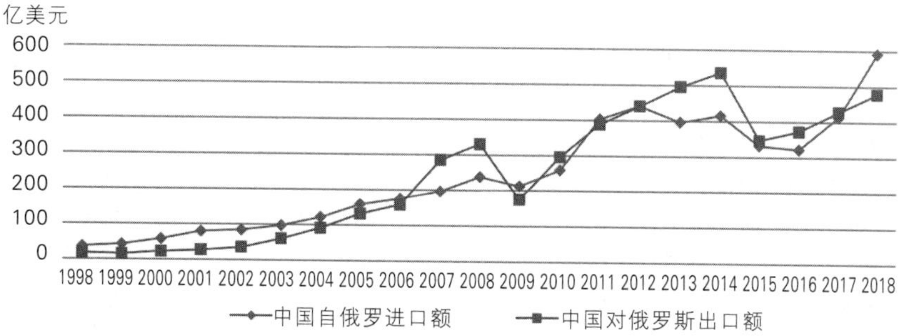

图4-10 1998—2018年中俄贸易情况图

资料来源：Uncomtrade数据库。

在贸易结构方面，中俄两国的产业结构决定了两国存在贸易优势互补性。从表4-12可知，中国对俄罗斯的出口主要集中在机器、机械器具、电气设备及其零件、纺织原料及纺织制品等中国具有传统优势的劳动密集型产品上，自俄罗斯的进口则主要集中在矿产品上。在俄罗斯自中国的进口中，机器、机械器具、电气设备及其零件等的进口额占比达52.78%。在俄罗斯对中国的出口中，矿产品出口额占比高达70.27%。

表4-12 2017年中国与俄罗斯进出口各类产品的占比（%）

产品分类	俄罗斯自中国进口	俄罗斯对中国出口
1.活动物；动物产品	0.50	2.94
2.植物产品	2.13	0.65
3.动、植物油、脂及其分解产品；精制的食用油脂；动、植物蜡	0.01	0.65

续表

产品分类	俄罗斯自中国进口	俄罗斯对中国出口
4.食品；饮料、酒及醋；烟草、烟草及烟草代用品的制品	1.05	0.49
5.矿产品	0.28	70.27
6.化学工业及其相关工业的产品	4.87	2.94
7.塑料及其制品；橡胶及其制品	4.08	1.31
8.生皮、皮革、毛皮及其制品等	1.15	0.01
9.木及木制品；木炭；软木及软木制品等	0.29	8.70
10.木浆及其他纤维状纤维素浆；纸及纸板等	0.57	2.41
11.纺织原料及纺织制品	7.55	0.03
12.鞋、帽、伞、杖、鞭及其零件等	3.72	0.00
13.石料、石膏、水泥、石棉、云母等	1.64	0.02
14.天然或养殖珍珠、宝石或半宝石、贵金属等	0.22	0.38
15.贱金属及其制品	7.09	1.71
16.机器、机械器具、电气设备及其零件等	52.78	5.84
17.车辆、航空器、船舶及有关运输设备	4.04	1.03
18.光学、照相、电影、计量、检验、医疗、仪器及设备等	2.23	0.57
19.武器、弹药及其零件、附件	0.00	0.02
20.杂项制品	5.79	0.02
21.艺术品、收藏品及古物	0.00	0.01
22.特殊交易品等	0.01	0.00

资料来源：Uncomtrade数据库。

（3）俄蒙经贸合作发展现状

俄蒙关系是原苏蒙双边关系的延续和发展，由于地缘政治的变化，两国在发展路径、改革方向以及国际影响力方面的差异，使得俄蒙双边关系一直不够稳定。直到2010年底，俄罗斯和蒙古国才恢复了苏联时期建立起来的几乎所有合作关系。俄罗斯在蒙古国的传统产业，尤其是铁路、公路等基础设施建设领域合作的宽松政策，是双方务实合作的体现。2017

年俄罗斯与蒙古国进出口总额为13.68亿美元，其中俄罗斯自蒙古国进口0.41亿美元，对蒙古国出口13.27亿美元，贸易顺差达12.86亿美元。如图4-11所示，受2008年金融危机的影响，俄蒙2009年双边贸易规模出现明显下降，2009年以后呈现出波动态势，且双边贸易中俄罗斯自蒙古国的进口量较小，俄罗斯对蒙古国的出口曲线与双边进出口总额曲线走势基本吻合，可见双边贸易主要受俄罗斯对蒙古国的出口的影响。

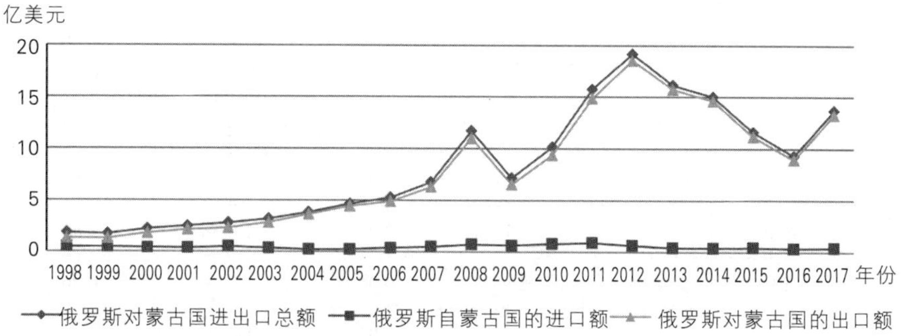

图4-11　1998—2017年俄罗斯与蒙古国的贸易情况图

资料来源：Uncomtrade数据库。

纵观中蒙俄三国贸易规模和结构的发展，可以看出，中蒙俄贸易规模总体呈现上升趋势。中蒙之间贸易规模不断扩大，但贸易结构失衡现象明显，贸易产品主要集中于矿产品。中俄两国经贸联系密切，双边贸易规模快速提升，贸易产品主要集中在矿产品、机器、机械器具、电气设备及其零件等。俄蒙之间的贸易规模相对较小，双边贸易主要受俄罗斯对蒙古国的出口的影响。中蒙俄虽然经贸发展水平不同，但三国都在世界经贸环境频繁变化的大背景下不断挖掘彼此之间的经贸合作潜力，在能源合作等领域增进互动交流，为中蒙俄经济走廊的建设奠定了坚实的基础。

4.3.2 中蒙俄经贸合作发展潜力分析

（1）中蒙俄双边贸易结合度指数

利用2013—2017年中蒙俄三国进出口贸易数据测算出的中蒙、中俄、俄蒙的双边TRD值如表4-13所示。

表4-13　　中蒙俄三国双边贸易结合度指数（TRD）

年份	中国对蒙古国	蒙古国对中国	中国对俄罗斯	俄罗斯对中国	俄罗斯对蒙古国	蒙古国对俄罗斯
2013	3.17	8.08	1.30	0.63	8.52	0.84
2014	3.35	8.13	1.45	0.70	10.37	0.68
2015	2.89	7.89	1.33	0.78	13.59	1.43
2016	2.17	7.65	1.50	0.95	14.45	0.96
2017	2.14	7.85	1.41	0.97	14.51	0.81

数据来源：作者根据Uncomtrade数据库计算整理所得。

可以看出，2013—2017年5年间中国对蒙古国以及蒙古国对中国的TRD值均大于1，说明中国和蒙古国的贸易联系十分紧密，而且蒙古国对中国的贸易结合度比中国对蒙古国的贸易结合度要高得多，说明蒙古国对中国的贸易具有更强的依赖性。中国对俄罗斯的TRD值大于1，且5年来一直处于稳定状态，俄罗斯对中国的TRD值虽然小于1，但俄罗斯对中国的贸易结合度一直在增长，说明中国和俄罗斯的贸易联系在日益紧密。俄罗斯对蒙古国的TRD值远大于1，但蒙古国对俄罗斯的TRD值却很小，只有2015年达到1.43的水平，其主要原因是蒙古国市场需求旺盛，对于外来经济的依赖性强，对进口商品的依存度很高。

（2）中蒙俄双边贸易互补性指数

以中国为出口国计算的中蒙TCI值如图4-12所示。由图可以看出，

2013—2017年间第13类产品的TCI值最高，5年内均在4以上，其中2014年最高为7.56；第20类产品2013—2017年的TCI值均在3以上，5年内波动幅度不大；第4、7、9、11、12、15、16类产品的TCI值均在1左右波动。由此可知，中国在劳动密集型类产品上具有优势，特别是在工程机械、运输设备方面具有明显优势，中国与蒙古国在第4、7、9、11、12、13、15、16和20类产品上互补性较强。

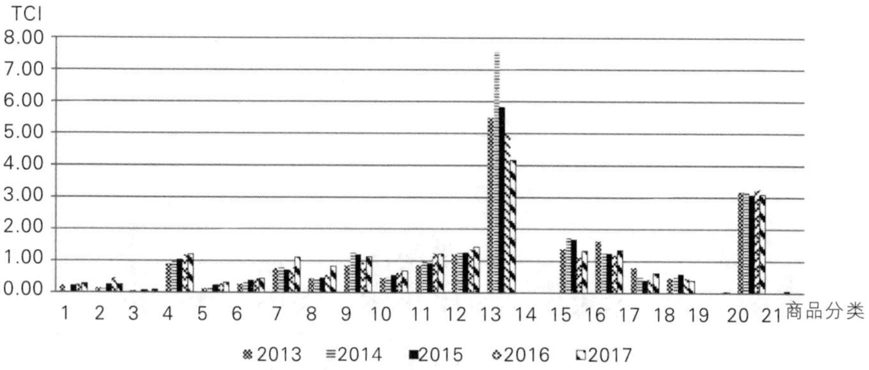

图4-12 以中国为出口国计算的中蒙贸易互补性指数

资料来源：Uncomtrade数据库。

以蒙古国为出口国计算的蒙中TCI值如图4-13所示。由图可以看出，2013—2017年第5类产品的TCI最高，5年间均在5以上；其次是第14类产品，从2014年开始就大于1，之后一直呈上升趋势，说明蒙古国的矿产资源丰富，中蒙之间在矿产品方面的贸易互补性很强。

以中国为出口国计算的中俄TCI值如图4-14所示。由图可以看出，2013—2017年中俄在第11、12、13、20类产品的TCI值较高，均大于2，说明中俄在这4类产品上具有很强的贸易互补性，而第1、7、8、15、16类产品的TCI值均大于1，说明中俄在这5类产品上的贸易互补性也较强。

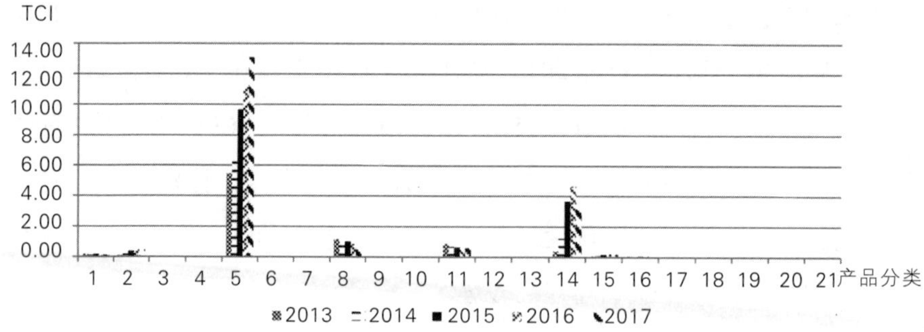

图4-13　以蒙古国为出口国计算的蒙中贸易互补性指数

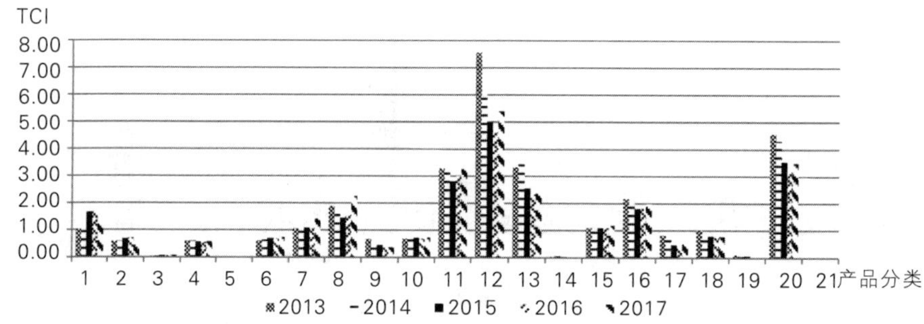

图4-14　以中国为出口国计算的中俄贸易互补性指数

以俄罗斯为出口国计算的俄中TCI值如图4-15所示。由图可以看出，2013—2017年第5、9类产品均大于2，说明中俄这2类产品具有很强的贸易互补性；而第2、3、15类产品的TCI值呈上升趋势，且在2015年第15类产品的TCI值超过1，在2016年第2类和第3类产品的TCI值也超过1，说明中俄在第2、3和15类产品上的贸易互补性在不断增强。

以蒙古国为出口国计算的蒙俄TCI值如图4-16所示。由图可以看出，2013—2017年只有第11类产品每年都超过1.5，说明蒙俄该类产品具有较强的贸易互补性；第5类产品自2015年以来其TCI值均大于1，说明蒙俄该类产品的贸易互补性也较强。

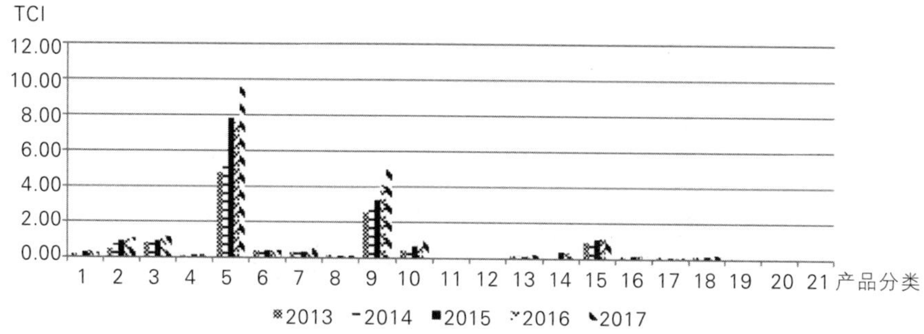

图4-15　以俄罗斯为出口国计算的俄中贸易互补性指数

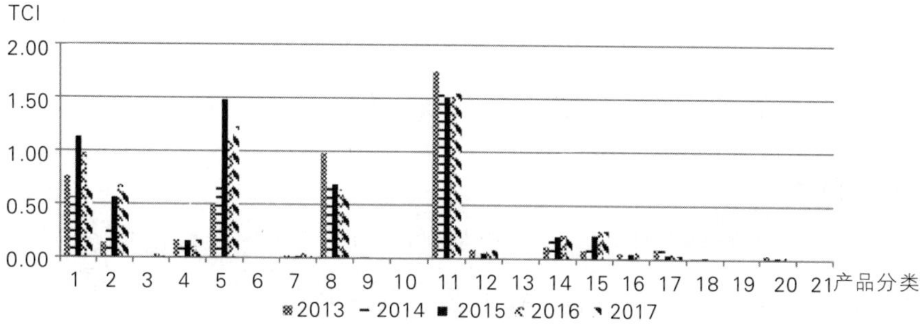

图4-16　以蒙古国为出口国计算的蒙俄贸易互补性指数

以俄罗斯为出口国计算的俄蒙TCI值如图4-17所示。由图可以看出，2013—2017年第5类产品的TCI值均大于5，结合以蒙古国为出口国计算的俄蒙TCI值可知，俄蒙在第5类产品上具有较强的贸易互补性；其次是第9和15类产品，同时期内的TCI值均大于1，说明俄蒙这2类产品的贸易互补性也较强；第3类产品的TCI值自2014年开始大于1，说明俄蒙两国在第3类产品上的贸易互补性在不断增强。

综上，通过对中蒙、中俄、俄蒙双边TRD的计算，可知中蒙俄三国总体贸易依存度很高，贸易联系密切。通过对中蒙俄双边TCI的计算，可知中蒙、中俄、俄蒙彼此之间的竞争优势产品各不相同，三国间具有很强的贸易互补性。因此，中蒙俄三国在贸易的总体水平和产品互补性上，均

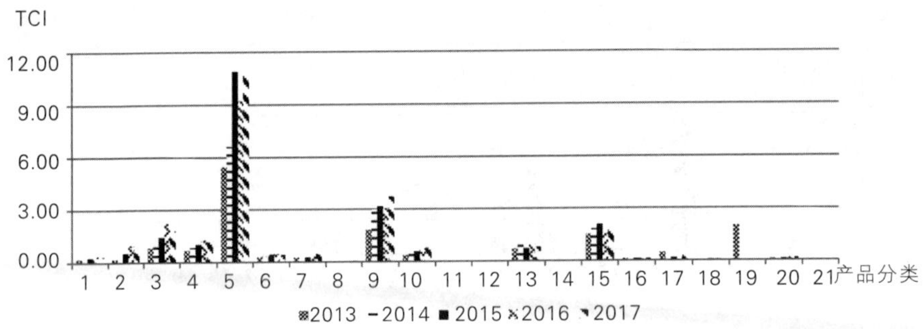

图4-17 以俄罗斯为出口国计算的俄蒙贸易互补性指数

具有很大的贸易潜力。

4.3.3 中蒙俄经济走廊建设经济效应分析

（1）模型与数据来源

本书采用的是全球贸易分析模型（GTAP）第9版，数据来源于与其配套的第9版数据库，利用GTAP模型，假定中蒙俄经济走廊建成，关税发生改变，模拟测度中蒙俄经济走廊的区域经济合作将会对区域内三国以及区域外其他国家和地区产生的影响，主要包括宏观经济、贸易规模、贸易条件以及进出口贸易四个方面。

（2）模型设计

根据研究需要，本书采用GTAPAgg软件将GTAP数据库原始资料整合为10个国家或地区，模型求解则基于RunGTAP3.59软件。对模拟的区域和产业部门进行重新归类和整合。本书将140个国家重新整合为10个国家和地区，如表4-14所示。

表4-14 国家和地区分类方法

国家和地区	国家和地区的分类
中国	中国
俄罗斯	俄罗斯

续表

国家和地区	国家和地区的分类
蒙古国	蒙古国
欧盟	瑞典、比利时、塞浦路斯、克罗地亚、捷克共和国、西班牙等（共27个国家）
美国	美国
日本	日本
韩国	韩国
英国	英国
东盟	越南、老挝、柬埔寨、新加坡、菲律宾、马来西亚、泰国、印度尼西亚
其他地区	GTAP数据库中包含的其他国家和地区

注：由于GTAP第9版数据库中未将缅甸和文莱两个国家列出，且两国的经济总量相对较小，因此本书中东盟的数据不包括缅甸和文莱。

关于产业部门的划分，本书将GTAP数据库的原始产业划分整合为10个产业部门，分别为农业、肉类产业、资源产业、食品加工业、纺织服装业、轻工业、重工业、基础服务业、交通运输服务业以及其他服务业，具体分类如表4-15所示。

表4-15　　GTAPAgg 数据库重新分类表

部门	产品
农业	谷物、小麦、玉米及其制品、蔬菜及水果、油脂作物等、其他农产品
肉类产业	牛羊马牲畜及畜产品、生乳品、毛及丝织品、肉类制品
资源产业	林业、渔业、煤、原油、天然气、其他矿产
食品加工业	食用油脂、乳制品、糖、饮料及烟草、其他食品
纺织服装业	纺织产品及服装
轻工业	皮革、木材、纸及其制品、金属制品、机车及零部件、其他制造业
重工业	石油及煤产品、化学及塑料橡胶制品、非金属矿产制品、钢铁、机械及电子产品
基础服务业	电气、燃气、自来水、建筑
交通运输服务业	贸易服务、陆路运输、水路运输、航空运输、邮政及电信
其他服务业	金融业、保险业、租赁、娱乐及其他服务、教育及医疗

资料来源：GTAP Database 8。

由于不同国家针对不同的进口产品征收的关税不同，为了简化起见，假设中蒙俄经济走廊建立初期所有产品的关税降低至10%，等完全建成后，各经济体之间的进口关税降低为0，这样就可利用进口关税税率作为外生变量进行模拟，研究中蒙俄经济走廊的建立对中蒙俄及其周边国家和地区的影响程度，即本书划分的10个国家GDP或地区生产总值、进出口规模、贸易条件和福利水平等方面的变化。

（3）模拟测算结果及分析

①关税变化对宏观经济的影响

模拟测算结果如表4-16所示。中蒙俄经济走廊建立以后，当关税均降到10%时，中蒙俄三国的GDP将增长，其中蒙古国GDP增长幅度最大，为0.436%，对其他国家和地区产生的效果各有不同，除美国和英国外，其他国家和地区会因建立经济走廊所带来的减税政策导致GDP的小幅下降。减税政策将为俄罗斯和蒙古国带来不同程度的福利水平上升，却会使中国的福利水平下降。当中蒙俄经济走廊的关税为0时，中蒙两国的GDP将分别增加0.2248%和0.264%，而俄罗斯GDP却会下降0.3592%，但这种情况下，中蒙俄三国的福利水平均会表现出不同程度的上升，而三国之外的所有国家和地区的福利水平将下降。由此看来，中蒙俄经济走廊在为中蒙俄三国创造经贸合作机遇的同时，可能会对世界其他地区的福利产生一些负面影响。

表4-16　关税变化对各国GDP和地区生产总值及福利水平（EV）的影响

国家	GDP和地区生产总值变动（%）		EV变动（百万美元）	
	模拟情形一（关税为10%）	模拟情形二（关税为0）	模拟情形一（关税为10%）	模拟情形二（关税为0）
中国	0.0003	0.2248	−11.6139	2 495.213
蒙古国	0.436	0.264	0.241	10.9706
俄罗斯	0.004	−0.3592	122.5993	1 017.227
欧盟	−0.0018	−0.0414	−93.2796	−1 123.85
美国	0.0006	0.0003	2.0052	−267.108
日本	−0.0029	0.0081	−23.4253	−61.7038
韩国	−0.0041	−0.0144	−13.8261	−95.344
英国	0.0017	−0.0219	10.5161	−88.4688
东盟	−0.0008	0.0042	−0.8011	−84.9629
其他地区	−0.0001	−0.0211	64.529	−607.817

②关税变化对贸易规模和贸易条件的影响

关税变动对进出口的影响如表4-17所示。可以看出，当关税降到10%时，中蒙俄三国的进口和出口将减少；但当关税降低到0时，中蒙俄三国的进出口均将上升，中国进口将增加0.286%，出口将增加0.271%，蒙古国进口将增加1.135%，出口将增加0.398%，俄罗斯进口将增加1.223%，出口将增加0.697%。关税的变化对其他国家的进出口影响相对较小，变化幅度在0.05%以内。从贸易条件来看，关税变动对蒙古国的贸易条件影响相对较大，当关税降低到10%时，其贸易条件将改善0.34%，当关税降低到0时，其贸易条件将改善0.1147%。关税变动对中国和俄罗斯的影响相对较小，当关税降低到10%时，中国贸易条件将改善0.14%，俄罗斯贸易条件将恶化0.15%，当关税降低到0时，中国贸易条件基本保持不变，俄罗斯贸易条件将改善0.03%。总体来看，中蒙俄经济走廊的建立对中蒙俄三国的正面效应大于负面效应，但对世界其他国家和地区的影响并不显著。

表4-17　　关税变化对进出口和贸易条件的影响

国家和地区	进口变动		出口变动		贸易条件变动	
	模拟情形一（关税为10%）	模拟情形二（关税为0）	模拟情形一（关税为10%）	模拟情形二（关税为0）	模拟情形一（关税为10%）	模拟情形二（关税为0）
中国	-0.0242	0.286	-0.013	0.2705	0.1379	-0.0014
蒙古国	-1.1659	1.1351	-0.2708	0.3977	0.3384	0.1147
俄罗斯	-0.1343	1.223	-0.1132	0.6967	-0.1498	0.0273
欧盟	0.0004	-0.0485	-0.0003	-0.0458	-0.0165	-0.0017
美国	0.0028	-0.0142	0.0021	-0.0281	-0.0097	0
日本	-0.0011	-0.0115	-0.0002	-0.0136	-0.0135	-0.0041
韩国	0.0007	-0.0151	0.0008	-0.0116	-0.0238	-0.0038
英国	0.0038	-0.0265	0.0015	-0.028	-0.0085	0.0018
东盟	-0.0021	0.0159	-0.0016	0.0131	-0.0093	-0.0005
其他地区	-0.001	-0.0273	-0.0006	-0.0274	-0.0116	0.0013

在中蒙俄经济走廊完全建成、关税水平为0后，中国对其他国家和地区的出口变动情况如表4-18所示，可以看出，中蒙俄经济走廊的建成对中国与蒙古国的贸易影响最大，除交通运输服务业将出现0.72%的下降幅度外，其余9个产业的出口均出现不同幅度的上升，其中资源产业的上升幅度最大，达到27.19%，农业、肉类产业和轻工业的出口均将上升15%以上，中国对俄罗斯在农业、肉类产业、资源产业、食品加工业、纺织服装业、轻工业和重工业这7个产业上，出口将上升，其中肉类产业的上升幅度最大，达到80.27%，纺织服装业的出口将上升65.62%；基础服务业、交通运输服务业和其他服务业的出口将下降，但下降幅度均在1%~1.15%之间。除此之外，模拟结果还表明，中蒙俄经济走廊的建立将导致中国对经济走廊以外其他国家和地区的出口有不同程度的下降，其中肉类产业下降幅度最大，对欧盟和英国的出口也将较大幅度下降，分别为2.05%和2.02%，对除蒙古国、俄罗斯以外国家的资源产业、基础服务业、交通运输服务业、其他服务业的出口下降幅度均在1%以下，其中对资源产业的影响最小。由此可见，中蒙俄经济走廊的建立明显增加了中国对蒙俄两国的出口，特别是农业、肉类产业、资源产业、食品加工业、纺织服装业、轻工业和重工业7个产业的出口，但同时也会减少中国对其他国家和地区的出口。

表4-18　中国对其他国家和地区各产业出口量变动情况（%）

国家和地区	农业	肉类产业	资源产业	食品加工业	纺织服装业	轻工业	重工业	基础服务业	交通运输服务业	其他服务业
蒙古国	15.83	19.96	27.19	8.52	11.76	19.55	9.77	2.93	−0.72	0.28
俄罗斯	41.77	80.27	43.06	42.73	58.85	65.62	43.03	−1.09	−1.13	−1.15
欧盟	−1.43	−2.05	−0.47	−0.96	−1.44	−1.15	−1.05	−0.94	−0.82	−0.86
美国	−1.27	−1.81	−0.41	−0.84	−0.97	−0.91	−0.84	−0.83	−0.71	−0.77
日本	−1.09	−1.59	−0.37	−0.73	−0.49	−0.86	−0.74	−0.77	−0.66	−0.73
韩国	−0.93	−1.80	−0.38	−0.72	−0.73	−0.98	−0.75	−0.81	−0.68	−0.73
英国	−1.38	−2.02	−0.44	−0.94	−1.18	−1.07	−1.00	−0.86	−0.80	−0.81
东盟	−1.07	−1.79	−0.38	−0.77	−0.75	−0.89	−0.73	−0.80	−0.70	−0.75
其他地区	−1.33	−1.91	−0.43	−0.9	−1.11	−1.04	−0.94	−0.87	−0.77	−0.81

中蒙俄经济走廊完全建成后，中国各产业进口变动情况如表4-19所示。可以看出，中国自蒙古国的进口在农业、食品加工业、纺织服务业、轻工业、重工业、基础服务业、交通运输服务业7个产业上将上升，幅度在1.40%~5.00%之间，其中纺织服务业的上升幅度最高，达到4.92%，基础服务业的上升幅度最低为1.42%；在肉类产业、资源产业和其他服务业3个产业上的进口将下降，其中肉类产业下降最多为3.66%，资源产业和其他服务业的下降幅度均在1%以内。中国自俄罗斯进口的10个产业均将不同程度上升，其中纺织服装业上升的幅度最大，为16.02%，肉类产业和轻工业的进口均上升2.77%，农业的进口上升2.06%，其他行业的上升幅度在1%~2%之间。对于其他国家和地区，除中国自欧盟10个行业的进口将上升外，中国自其他国家和地区在资源产业的进口均表现为不同幅度的下降，在剩余9个产业的进口将有不同程度的上升。因此，中蒙俄经济走廊的建立将使中国自蒙古国、俄罗斯在农业、食品加工业、纺织服务业、轻工业、重工业、基础服务业、交通运输服务业7个产业的进口增加，同时也使中国对其他国家和地区的农业、肉类产业、食品加工业、纺织服装业、轻工业、重工业、基础服务业、交通运输服务业、其他服务业9个行业的进口有不同程度的上升。

表4-19　中国自其他国家和地区各产业进口量变动情况（%）

国家/行业	农业	肉类产业	资源产业	食品加工业	纺织服装业	轻工业	重工业	基础服务业	交通运输服务业	其他服务业
蒙古国	4.11	−3.66	−0.47	4.14	4.92	2.78	5.68	1.42	1.45	−0.97
俄罗斯	2.06	2.77	0.23	1.59	16.02	2.77	1.77	1.41	1.31	1.29
欧盟	1.07	1.19	0.06	0.55	1.82	0.75	0.59	0.54	0.59	0.53
美国	0.85	0.91	−0.06	0.39	1.57	0.53	0.36	0.37	0.46	0.38
日本	0.84	0.86	−0.08	0.36	1.39	0.49	0.31	0.34	0.43	0.36
韩国	0.77	0.88	−0.05	0.33	1.52	0.58	0.38	0.43	0.49	0.44
英国	0.99	1.09	0.01	0.49	1.73	0.67	0.50	0.47	0.54	0.46
东盟	0.84	0.87	−0.07	0.36	1.41	0.47	0.30	0.34	0.43	0.36
其他地区	0.98	1.07	−0.01	0.47	1.68	0.64	0.47	0.46	0.53	0.46

综上，尽管中蒙俄经济走廊建成后，三国可能会经历长期的资源优化配置和产业结构调整升级的过程，但经济走廊的建立，将有效改善中蒙俄三国的经贸合作，有利于扩大进出口规模，促进贸易平衡，有效提升三国居民的福利水平。

4.4 "两条主线"贸易投资合作进一步深入的阻力

4.4.1 各国经济发展水平差异阻碍了区域联合进程

东北亚地区经济发展水平不平衡，各国经济起点、经济发展模式不同，使得现阶段东北亚地区各国的经济水平呈现出明显的梯次结构，短期内难以达到统一的合作标准。

从历史的角度看，日本是东北亚各国之中最早完成工业化的国家，二战前就已经建立了完备的工业体系。尽管战后受到制裁，却以朝鲜战争的爆发为契机，从欧美引入产业技术，发展以出口为导向的经济模式，迅速恢复元气，于20世纪70年代成为仅次于美国的发达经济体。在20世纪70年代前，日本经济在东北亚诸国中成为韩国、中国以及东南亚各国的模仿对象，开启了大东亚范围内的"雁形经济发展"模式。

改革开放四十多年来，中国经济快速发展，各行各业的建设取得了辉煌成就。位于东北亚核心区域内的辽宁、吉林和黑龙江三省，作为新中国工业的摇篮和中国重要的工业与农业基地，拥有一批关系国民经济命脉和国家安全的战略性产业，在资源、人才和基础设施等方面支撑能力较强。为有效地将东北地区振兴与东北亚区域经济合作相结合，2016年出台的《中共中央国务院关于全面振兴东北地区等老工业基地的若干意见》指明了方向，就是要推动丝绸之路经济带建设与欧亚经济联盟、蒙古国草原之路倡议的对接，推进中蒙俄经济走廊建设，加强东北振兴与俄远东开发战略衔接，深化毗邻地区合作，以推进中韩自贸区建设为契机，选择适宜地区建设中韩国际合作示范区，推进共建中日经济和产业合作平台。

俄罗斯的远东地区土地辽阔，资源丰富，但由于远离国家政治、经济中心，劳动力不足，资源开发利用率较低，工业产值的增长率低于全俄平均水平。2015年1月俄罗斯总统普京在政府工作会议上提出了“远东土地无偿配送计划”：准备将远东地区土地无偿发送给每一位当地居民，每人1公顷，但条件必须是俄罗斯籍公民，而且必须有如何开发所获得土地的十年规划细则，并有资信证明，希望借此吸引周边国家的人力资源。

作为东北亚六国中唯一的内陆国，蒙古国以畜牧业和矿产业作为经济支柱，区域综合发展难度很大。20世纪八九十年代该国经历了两次大规模的经济衰退，加之产业结构畸形，抑制了经济持续健康发展。

从总体上看，尽管俄罗斯远东地区、蒙古国在经济发展上具有自身优势和特点，但与国内生产总值位居世界前列的中、日、韩三国相比略显薄弱。正是由于东北亚各国经济起点、发展轨道存在差异，才造成区域内经济发展严重失衡，导致各国之间订立自由贸易协定的谈判举步维艰。

4.4.2　来自美国的阻力

美国本土与东北亚远隔重洋，并不属于该地区国家，但特殊的历史渊源让美国在东北亚处于十分重要的位置。第二次世界大战结束后，东北亚地区变成了美、苏两国意识形态对抗的前沿阵地，美国将控制东北亚视为称霸太平洋战略、遏制苏联南进的重要一环。在这种情况下，倘若中、日、韩、俄、蒙等东北亚国家逐步建立命运共同体，加强彼此间的政治、经济以及安全领域的互信合作，势必严重削弱美国在该地区的影响力，破坏其全球战略，所以美国在与日、韩的政治、经济等领域加强密切合作的同时，利用日、韩与朝鲜、中国之间的矛盾，在东北亚制造紧张局势。因此，美国不会允许东北亚地区形成一个将其排除在外的合作组织，因而竭力倡导自身主导下的亚太经合组织。

4.4.3 来自东盟的掣肘

东南亚联盟也存在经济发展不均衡、贫富差距拉大等突出问题。作为当下亚洲最成功的政治、经济联盟，东盟长期以来依托毗邻东亚的地理优势，广泛开展同中国、日本、印度等国家的合作，取得了良好的经济利益和政治影响。东盟与中日韩在政治、经济以及文化等各方面的联系极为密切，然而在东北亚区域经济合作的问题上，东盟的态度相当暧昧。东北亚中的中国、韩国都选择了与东南亚联盟各国颇为相似的外向型经济发展模式，双方在纺织业、机电产品等领域的出口趋同程度持续走高。东北亚区域经济一体化成型之后，形成合力的各国势必与东南亚联盟争夺国际资本和市场，导致亚洲两大经济实体间的激烈竞争。有鉴于此，东盟各国对于东北亚区域经济合作势必不会乐见其成，而是努力强化自身与中日韩三国之间的“十加三”机制，促进十三国在各领域的合作，旨在迟滞、延宕东北亚区域经济一体化进程，以减少自己的潜在竞争者。

4.5 两条主线融合发展的对策建议

4.5.1 贸易投资协同发展的推进机制

首先，应建立长期有效的货币合作机制，推动贸易投资的发展。在目前的全球化局势下，东北亚地区的五国应加强相互之间的经贸合作和政治互信，其中首要的是建立长期有效的货币合作机制。东北亚国家大多实行出口导向型的经济发展战略，采用美元计价面临很大的汇率风险，而且交易成本较高。中国“一带一路”建设正在有效推进中，建设基础设施需要依靠长期、大量的资本投入，这使得在东北亚区域内建立长期有效的货币合作机制必不可少。建立区域内的货币合作机制，可以有效降低贸易产生的汇率风险，降低贸易成本，进而推动投资和贸易的发展。同时不可忽略的是，东北亚国家居民储蓄率偏高，在东北亚地区建立有效的货币合作机制，可以不必将货币转化为美元再回收，而是在本区域内将储蓄直接转换为投资，有效降低投资成本和外汇转换带来的汇率风险等问题。

其次，改变贸易方式，进行贸易转型，培育市场提供者。随着多边经贸合作的不断加深，其贸易方式也面临着改变。东北亚五国应进一步深化区域合作机制，调整贸易结构，培育新的贸易增长点，让经济合作向深层次、多元化方向发展。在经济全球化和自由贸易体制受到严重冲击以及各种不确定性加大的情况下，东亚地区可以通过“贸易转型”，在东亚培育最终产品的市场提供者，进而摆脱对美国市场的过度依赖，提高东亚抵御外部风险的能力。就现阶段东北亚的经贸发展现状而言，日本仍是区域内最大的最终消费品市场提供者，中国仍是区域内最大的资本品出口市场，而中国要成为该地区最终产品的市场提供者仍存在很多制约因素。

最后，海陆两线并行，充分利用国家间政策对接便利。利用东北亚五国的地理区位优势对接国家政策，中日韩三国间充分利用海运优势加强经贸合作，中蒙俄间充分利用陆运优势进行互联互通，中日之间基于“长吉图”大经济区开发建设项目继续拓展中日合作，中韩之间基于已建立的中韩自贸区深化区域间的贸易合作，中蒙基于“一带一路”和“草原之路”的对接提升中蒙全面战略伙伴关系，中俄则实施“海上丝路”和“北极航道”的有效对接以加强相互之间的密切合作。

4.5.2 贸易投资协同发展的推动路径

（1）加强中美之间的务实合作

中国与美国要共同肩负起大国责任，实现东北亚地区的和平与稳定离不开中美之间的务实合作，中国在构建新型国际关系中一直秉承合作共赢的原则，愿意与美国一同构建互相尊重、安全稳定、互惠互利的新型国际关系。中国政府一直鼓励民间交往，坚持以和平的方式解决矛盾。维持亚州地区的稳定，加强东北亚地区的经贸合作，中美之间要加强彼此信任，增进了解，加强彼此之间的务实合作，共享东北亚地区和平发展的成果。

（2）推进中日韩自贸区谈判进程

美日贸易摩擦难以从源头上解决，美日贸易赤字一时难以平衡。因此，中日韩自贸区谈判自然会恢复到正常工作日程上来。2019年4月，中日韩自贸区第十五轮谈判首席代表会议在日本东京举行，标志着自贸区项目已进入实质性的谈判阶段。要按国际惯例和自贸区设立的基本原则，找准利益合作点，早日设立中日韩自由贸易区，从而为东北亚经济发展命运共同体注入新的活力。

（3）积极推进自贸区建设，推动人民币国际化，加强东北亚地区的货币合作

自贸区建设作为东亚地区贸易转型的重要手段之一，能够加强国家间经济合作，提高本区域整体抵抗外部风险的能力，促进东亚地区经济的持续、稳定增长。自贸区建立后的贸易扩大效应将有利于降低本币钉住美元的需求，逐步减少美元储备，进而减少对“美元体制”的依赖。在人民币加入SDR货币篮子的情况下，积极推进自贸区建设，可以以“一带一路”建设为契机，推广人民币的使用，逐渐降低对美元的依赖。因此，鉴于良好的政治互信是经济贸易合作的基础，五国应着眼于未来，通过对话协商而非对抗的方式解决矛盾和分歧，寻求更多的利益结合点和发展对接点，为自贸区的建立提供必要的政治保障。

以中日韩自贸区为例，中日韩自贸区一旦建立，中国的劳动密集型和资源密集型优势产业对日韩企业均构成一定的冲击，而日韩的技术密集型和资金密集型企业也会给中国带来不容忽视的竞争压力。但同时，中日韩自贸区也会为三国的经贸发展注入新的动力，三方的贸易依存度将随着商品市场的紧密联系不断加深。因此，通过自贸区建设，中国不仅可以保持和深化与日韩的经贸合作，不断缩小与日本在区域经济中的地位差异，而

且可以通过结构性改革，不断优化经济结构，大力发展优势产业，增强企业和产品的国际竞争力，进而提升中国在东亚的市场提供者地位。

（4）优化经济结构，实现结构性变革

中日韩的经贸往来既存在竞争性，又有互补性，基于双边贸易结合度指数和双边贸易互补性指数的测算结果，中日、中韩、日韩均在机械、电气设备及其零件、光学照相、计量、检验仪器及设备等产品上具有贸易互补性，但中日、中韩、日韩双边贸易中的竞争性产品又各有不同。日本拥有雄厚的资本和尖端的技术，因此在资本和技术密集型产品上具有优势；中国拥有丰富的自然资源、廉价的劳动力和广阔的市场，因此产业和贸易结构更偏重于劳动密集型；而韩国作为新兴工业化国家，具有成功的产业和经济结构调整经验，在技术、资本和创新能力上介于日本和中国之间，因此产业和贸易结构也处于一种“成本逊于中国，技术低于日本”的“夹心”状态。由此，中日韩三国在贸易的总体水平和产品互补性水平上均表现出一定的贸易潜力。中蒙俄三国应进一步深化区域合作机制，调整贸易结构，培育新的贸易增长点，让经济合作向深层次、多元化发展。例如，积极推动三国在生物技术、航天航空、军事工业、核能工业、现代农业等方面的合作，进而挖掘经济合作潜力，优化贸易结构，促进中蒙俄经济走廊的健康稳定发展。除此之外，中蒙俄三国经贸发展水平虽然不同，但三国都在世界经贸环境频繁变化的大背景下不断扩大合作领域，加大合作深度，进而不断挖掘彼此之间的经贸合作潜力，在能源合作、基础设施建设等领域不断加强互动交流，为中蒙俄经济走廊的建设奠定坚实的基础。

（5）沿海试点先行，实行多元化合作

中日韩三国独有的地理位置优势及产业发展特点对三方实现深入经贸合作提供了天然的便利。我们通过基于理论模型模拟在不同关税水平下不同地区经贸关系和福利水平的变化可知，中日韩自贸区建设有助于改善三国贸易合作，扩大贸易规模，促进贸易平衡，优化贸易结构，并有效提升居民的福利水平，因此，应积极加快三方的互联互通进程。由于中国东部沿海地区的区位和运输优势能够最大限度地发挥生产要素的汇集效应，因此对外贸易的重要港口大多集中在东部沿海地区；日本工业也具有临海分布的特点，且具有较高的科技水平；而韩国目前设立的8个自由经济区，大都位于韩国的西海岸且面向中国的黄海沿线，这些都为三国贸易合作提供了更大的便利。

因此，中国应在贸易合作和便利化方面表现出更加积极的姿态，由点到线，由线及面，率先通过地方政府间的沟通，推动民间在三国局部领域和地区先行先试。中国可从辽宁、山东、浙江等省份的沿海城市开始，与日韩的沿海城市首先建立城市间的经贸合作，实行双边与多边、垂直分工与水平分工并存的合作模式，积极推进地区间的自由贸易。在地区经贸合作不断发展的前提下，最终实现中日韩自贸区的良性与可持续发展。

中蒙、中俄、俄蒙三国竞争优势产品各不相同，且均有很强的贸易互补性，中蒙俄三国在总体水平上和产品互补性水平上均表现出很大的贸易潜力。中国向俄罗斯和蒙古国主要出口纺织品和服装等产品，而俄罗斯和蒙古国矿产资源丰富，主要向中国出口矿产品、天然气及金属制品。因此，中蒙俄经济走廊的建设，应充分利用三国在产业结构上的互补性，提出务实有效的经济发展与合作纲领，明晰各自所应承担的责任和义务，在达成共识的基础上，充分发挥各自优势，统筹规划，尤其是在高科技、战略性项目上的合作，应增加科技含量，重视技术对接，发挥各自的产业优势，拓宽发展空间，实现互利共赢。

（6）完善基础设施，进行自贸区试点

我们通过基于理论模型模拟在不同关税水平下不同地区经贸关系和福利水平的变化可知，自贸区的建设有助于推动三国经济的发展，应积极促进自贸区的建立，加快互联互通进程。从国际经验来看，自由贸易区和保税区的建设将会大大促进合作国间的经贸往来。对于中蒙俄三国来说，在中蒙俄还不具备建立全面自贸区的条件下，可将小范围的跨境自贸园区和保税区作为试点，为三国自由贸易协议的签订奠定基础。对于商品贸易来说，基础设施建设直接影响到两国的贸易规模，中俄和中蒙之间都不同程度地存在基础设施无法满足运输和通关要求的问题，所以三方须加大基础设施投入，加强电力和通信设施的建设，同时加快边界口岸的路桥建设，提高公路、铁路、水路的运输能力，进一步降低贸易的物流成本。

参考文献

［1］陈国堂，张锦．“中蒙俄经济走廊”：互补性经贸合作前景展望与分析［J］．北方经济，2017（10）：20-23.

［2］陈志恒，甘睿淼．中日韩贸易互补性与构建“三国自贸区”［J］．浙江学刊，2017（1）：200-207.

［3］程大中．中国参与全球价值链分工的程度及演变趋势——基于跨国投入—产出分析［J］．经济研究，2015（9）：4-16.

［4］丁广伟．中蒙俄贸易现状及其潜力分析——基于随机前沿引力模型［J］．西伯利亚研究，2016（5）：45-53.

［5］杜运苏，彭冬冬．制造业服务化与全球增加值贸易网络地位提升——基于2000—2014年世界投入产出表［J］．财贸经济，2018，39（2）：102-117.

［6］冯晓玲，姜珊珊．“一带一路”倡议下中蒙俄经济走廊合作发展分析［J］．东北亚经济研究，2019，3（04）：18-33.

［7］侯丹丹．中韩FTA对东亚的经济影响——基于GTAP模型的模拟分析［J］．国际经贸探索，2016（8）：15-25.

［8］金成晓，李傲．“一带一路”倡议下包容性全球化与东北亚经贸合作的路径选择［J］．学术交流，2019（5）：83-93，191.

［9］李建军，孙慧．共建丝绸之路经济带背景下中蒙俄经济走廊建设研究［J］．新疆社会科学，2016（6）：72-78.

［10］刘斌，魏倩，吕越，等．制造业服务化与价值链升级［J］．经

济研究，2016（3）：151-162.

［11］刘明宇，芮明杰，姚凯. 生产性服务价值链嵌入与制造业升级的协同演进关系研究［J］. 中国工业经济，2010（8）：66-75.

［12］刘兆国. 全球价值链视角下中日制造业双边贸易增加值分解分析［J］. 现代日本经济，2019（4）：34-44.

［13］林硕. 东北亚区域经济合作的前景与阻力［J］. 东北亚经济研究，2018，2（1）：34-45.

［14］米军，李娜. 中蒙俄经济走廊建设：基础、挑战及路径［J］. 亚太经济，2018（5）：5-12.

［15］庞德良，华景斌. 基于商品和服务贸易全视角的中日韩贸易竞争与互补分析［J］. 东亚经济研究，2019（2）：43-53.

［16］庞德良，王博. 中日在东亚地区的贸易结构演变与作用分析［J］. 现代日本经济，2018（6）：20-32.

［17］钱进，王庭东. 中日韩自贸区对区域宏观经济及产业产出的影响评估——基于GTAP模型的模拟分析［J］. 现代日本经济，2017（3）：1-13.

［18］施锦芳，吴琦. 东北亚贸易便利化对贸易流量影响的经验研究［J］. 财经问题研究，2019（5）：95-103.

［19］王竞超. 中日第三方市场合作：日本的考量与阻力［J］. 国际问题研究，2019（3）：81-93，138.

［20］王思雨，郑乐凯. 制造业出口服务化与价值链提升——基于出口复杂度的视角［J］. 国际贸易问题，2018（5）：92-102.

［21］王直，魏尚进，祝坤福. 总贸易核算法：官方贸易统计与全球价值链的度量［J］. 中国社会科学，2015（9）：108-127.

［22］王淑敏，戴蕊. 中蒙俄贸易结构对实现中蒙俄经济走廊的影响及对策［J］. 海关与经贸研究，2017（2）：85-95.

［23］王皓，许佳. 中日韩FTA建设与东北亚区域合作——基于中日

韩三国自贸区战略的分析［J］．亚太经济，2016（4）：3-8.

［24］吴兆丽，王艳红，孟广文．中蒙俄经济走廊建设的贸易基础及发展建议［J］．中国国情国力，2016（12）：65-68.

［25］许和连，成丽红，孙天阳．制造业投入服务化对企业出口国内增加值的提升效应——基于中国制造业微观企业的经验研究［J］．中国工业经济，2017（10）：62-80.

［26］项义军，翟今．中蒙俄经济走廊战略的现实基础分析［J］．北方经贸，2017（1）：1-5.

［27］熊琛然，王礼茂，屈秋实，等．生态位视角下中美经济权力关系演变［J］．经济地理，2018（11）：1-10.

［28］杨宏恩，孙汶．中日韩经贸合作现状、前景展望与政策建议［J］．国际贸易，2016（7）：21-27.

［29］袁伟华．权力转移、相对收益与中日合作困境——以日本对“一带一路”倡议的反应为例［J］．日本学刊，2018（3）：39-62.

［30］袁晓莉，王威．中国在中日韩自贸区服务贸易谈判中的策略选择———基于RCA指数视角［J］，现代日本经济，2013（4）.

［31］闫云凤．中日韩服务业在全球价值链中的竞争力［J］．现代日本经济，2018（1）：48-59.

［32］岳惠来．促进东北亚海洋经济合作 共建“一带一路”［J］．东北亚经济研究，2017，1（2）：5-11.

［33］张玉来．全球价值链重塑与东亚——中日合作的空间与潜力［J］．东北亚论坛，2019（3）：40-54，127.

［34］张艳，唐宜红，周默涵．服务贸易自由化是否提高了制造业企业生产效率［J］．世界经济，2013（11）：51-71.

［35］郑国姣，杨来科．增加值贸易视角下的中日服务贸易再考察［J］．经济问题探索，2015（8）：99-105.